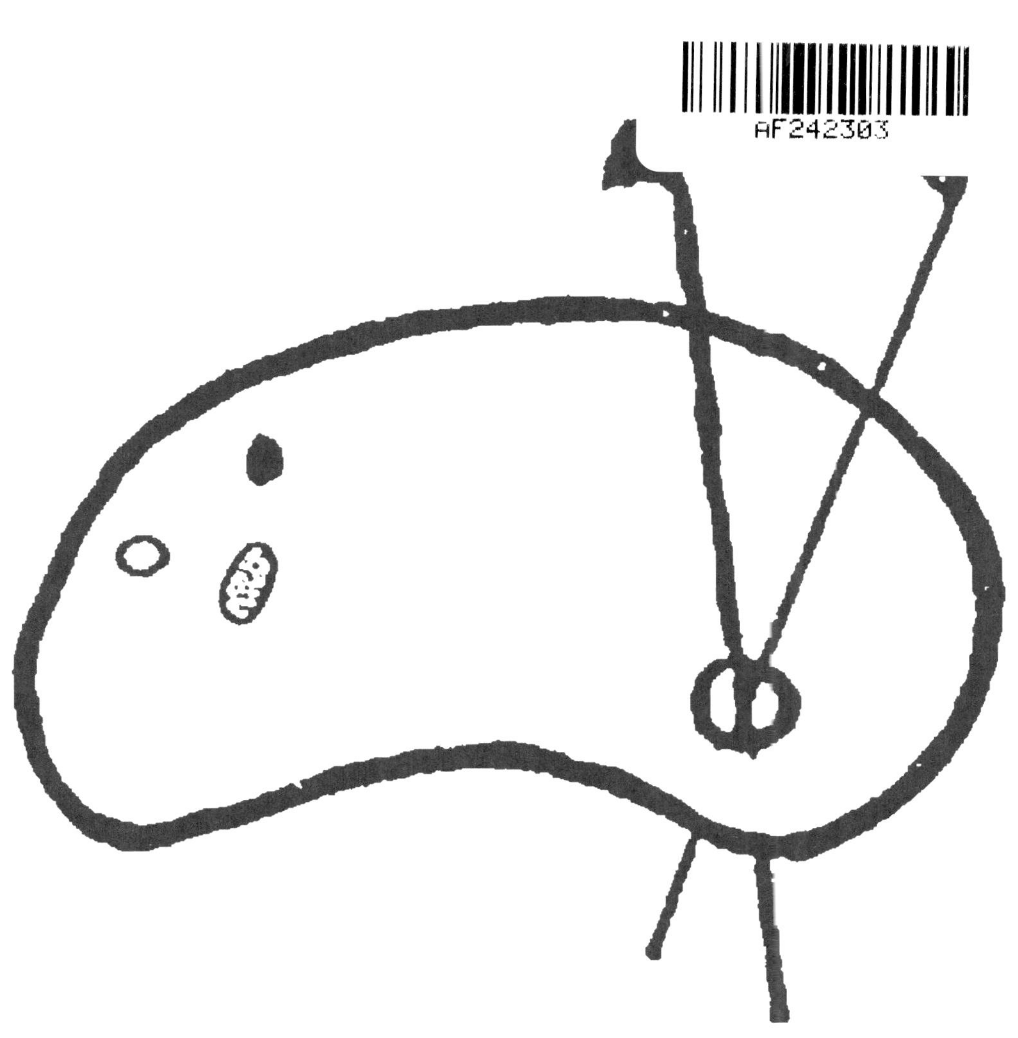

ORIGINAL EN COULEUR

Société Belge

DE

Bienfaisance

DE

NANCY

FONDÉE LE 22 JUILLET 1905

Sous le haut Patronage de S. M. le Roi des Belges

Autorisée par le Gouvernement Français

le 24 Juin 1908

NANCY — IMPRIMERIE BERGER-LEVRAULT

SOCIÉTÉ BELGE

DE

BIENFAISANCE

DE NANCY

SOCIÉTÉ BELGE

DE

BIENFAISANCE

DE NANCY

FONDÉE LE 22 JUILLET 1905

SOUS LE HAUT PATRONAGE DE S. M. LE ROI DES BELGES

Autorisée par le Gouvernement français le 24 juin 1908

SON ŒUVRE

DURANT LA GUERRE 1914-1918

NANCY

IMPRIMERIE BERGER-LEVRAULT

LA SOCIÉTÉ BELGE

DE

BIENFAISANCE

DE NANCY

COMITÉ DE LA SOCIÉTÉ

PRÉSIDENTS D'HONNEUR

MM. J. Sepulchre, consul de Belgique, Maxéville.
A. Tasté, directeur des Usines Solvay et Cⁱᵉ, Dombasle.

PRÉSIDENT ACTIF

I. Docquier, 8, rue de Paris, Nancy.

VICE-PRÉSIDENTS

G. Guittet, 1, Terrasse de la Pépinière, Nancy.
Thouyaret, 70, rue Pasteur, Nancy.

TRÉSORIER

Ziguelde, boulevard d'Alsace-Lorraine, Nancy.

SECRÉTAIRE

MM. Van Jeun, rue de Toul, Nancy.

PORTE-DRAPEAU

Léon Moulros, 33, rue du Faubourg-Saint-Georges, Nancy.

ARCHIVISTE

Jos.-L. Van Melle, 18, rue des Glacis, Nancy.

COMMISSAIRES

Guilmin, rue du Placieux, Nancy.
Rasson, 11, rue Gambetta, Nancy.

MEMBRES D'HONNEUR

Albert Lennux, ministre, député de Meurthe-et-Moselle.
Léon Mirman, commissaire de la République à Metz.
Mgr Rich, évêque de Nancy et de Toul.
MM. Gustave Simon, maire de Nancy.
Adam, recteur de l'Académie de Nancy.
G. Andant, sous-directeur de la Banque Nancéienne, Nancy.
Barret, prédicateur, Nancy.
Bergerli, président des Imprimeries Réunies, Nancy.
Betting, brasseur, Maxéville.
Mme Boulangé, pharmacien, Pompey.
MM. Bues, président de la Société Industrielle de l'Est, Nancy.
Buchet, directeur de la Pharmacie Centrale de France, Paris.
Chapuis, sénateur de Meurthe-et-Moselle.
Mme Driant, château de Pixérécourt, Nancy.
MM. le directeur des Établissements de Diétrich, à Lunéville.
Erb, entrepreneur, Toul.
L. Florentin, directeur du *Journal de la Meurthe et des Vosges*, Nancy.
Greff, brasseur, Nancy.
Hanus, brasseur, Charmes.
Heyman, négociant, Nancy.
A. Jambois, conseiller général, Nancy.
Léon de Joannis, directeur de la Maison Berger-Levrault, Nancy.

— 3 —

MM. JOLY, directeur de la Société Générale, Nancy.

KRUG, négociant, Nancy.

Paul LUC, industriel, Nancy.

L. MAJORELLE, négociant, Nancy.

A. MARINGER, adjoint au maire de Nancy.

Mlle MENGIN, présidente de la Société protectrice des Animaux, Nancy.

MM. Henri MENGIN, bâtonnier de l'Ordre des Avocats, Nancy.

René MERCIER, directeur du journal *L'Est Républicain*, Nancy.

MICHEL (D^r), professeur agrégé à la Faculté de Médecine, Nancy.

MESNIL, industriel, Frouard.

NÉROT, inspecteur principal des Chemins de fer de l'Est, Nancy.

NOËL, entrepreneur, Toul.

Léon PRISOR, président de la Fédération des Commerçants, Nancy.

PERRIN, directeur des aciéries de Pompey.

SCHWEITZER, conseiller général, adjoint au maire, Nancy.

SOLVAY et Cie, à Dombasle.

Paul SORDOILLET, directeur du journal *L'Éclair de l'Est*, Nancy.

Robert STEINHEIL, administrateur délégué de la Maison Berger-Levrault, Nancy.

Albert TOURTEL, conseiller général, Tantonville.

A. TRAMPITSCH, brasseur, Champigneulles.

François VAXELAIRE, président d'honneur de la Société de Bienfaisance française, à Bruxelles.

VILGRAIN, président de la Chambre de Commerce, Nancy.

On lira avec intérêt la très belle lettre que M⁀ Ruch, alors évêque titulaire de Gérasa (1) et coadjuteur de M⁀ Turinaz, voulut bien écrire au président à la date du 12 novembre 1916.

Aux Armées.

Monsieur le Président,

Je vous remercie très cordialement de votre gracieuse invitation. Je considère comme un honneur d'appartenir à votre Société. Avant la guerre, je professais déjà pour la noble, prospère et catholique Belgique, notre hospitalière voisine, une très vive admiration.

Le geste de son Roi et de son Gouvernement, la vaillance de son armée, les indicibles souffrances de tout un peuple, victime de la fidélité à l'honneur et à la foi jurée, ont fait de moi pour toujours un ami reconnaissant de votre glorieuse patrie.

Et j'ai vécu tout l'hiver de 1914-1915 à Ypres, à Poperinghe, sur les frontières sanglantes de ce qui reste aujourd'hui de Belgique inviolée, de ce qui sera demain le point de départ de vos légions victorieuses.

J'ose donc me considérer comme étant quelque peu votre concitoyen, le frère de vos soldats, le frère de vos évêques et de vos prêtres, le frère de tout Belge malheureux.

Veuillez agréer, Monsieur le Président, l'expression de mes sentiments respectueux, l'assurance de mon religieux dévouement.

† CHARLES-JOSEPH-EUGÈNE,
Évêque de Gérasa.

.·.

De son côté, M. Léon Mirman, ancien préfet de Meurthe-et-Moselle de 1914 à 1918, nommé Commissaire de la République Française à Metz, en novembre 1918, voulut bien nous adresser, à peine installé dans ses nouvelles et délicates fonctions, l'aimable lettre ci-après :

---

(1) M⁀ Ruch est devenu évêque de Nancy et de Toul le 20 octobre 1918, le jour même de la mort de M⁀ Turinaz, auquel il succédait *ipso facto.*

Metz, le 28 novembre 1918 ·

Mon cher Président,

Je suis très touché des sympathies de votre Société. Les Belges auront en moi un ami à Metz comme à Nancy. Ici comme là j'entretiendrai chez tous affection et respect pour votre grande nation.

Bien cordialement vôtre.

MIRMAN.

.·.

Enfin, l'un des plus généreux bienfaiteurs de nos œuvres de guerre, M. Léon Pignot, président de la Fédération des Commerçants de Nancy, voulut bien nous écrire, le 19 décembre 1918 :

*Monsieur le Président
de la Société belge de Bienfaisance.*

Monsieur le Président,

Vous avez bien voulu m'honorer en me demandant de faire partie de votre Société, comme membre d'honneur. C'est avec infiniment de plaisir que j'accepte de figurer sur la liste de la Société belge de Bienfaisance de Nancy et tiens à vous exprimer mon admiration pour l'activité de votre œuvre.

Le groupement auquel vous appartenez peut être fier de son illustre Roi, qui, par son énergie, par son courage, par son loyalisme et par la vaillance de ses troupes, a sauvé le monde civilisé du joug des barbares.

Veuillez croire, Monsieur le Président, à l'assurance de mes sentiments les plus dévoués.

L. PIGNOT.

1914

Dès le lendemain de la déclaration de guerre, en août 1914, les membres de la Société belge de Bienfaisance qui étaient restés à Nancy se réunirent d'un commun accord, et résolurent tout d'abord de rester intimement groupés afin de parer à toute éventualité : invasion de la Belgique ou de la Lorraine, secours à distribuer aux soldats et aux compatriotes belges expulsés d'Allemagne et passant par Nancy.

Le Comité s'occupa de leur procurer logements et nourriture avec tous les renseignements utiles dans leur pénible et précaire situation.

Le président eut aussi une lourde tâche à fournir, celle du rapatriement immédiat, en Belgique, des soldats qui devaient retrouver leurs régiments.

Enfin il fallut aussi accorder des secours à nos compatriotes de Meurthe-et-Moselle fuyant devant l'avance des Allemands.

Les membres de la Société belge, demeurés à Nancy, décidèrent alors de former trois bureaux qui devaient aussitôt fonctionner et rendre d'utiles services :

1ᵉʳ Bureau : Distribution de bons de pain et de soupe, billets de logement : MM. Rasson, Thouyaret et Solvel ;

2ᵉ Bureau : Distribution de billets de chemin de fer et argent de poche pour le voyage : M. O. Desoie ;

3ᵉ Bureau : Vérification des sommes données, renseignements, enquêtes sur les indigents : MM. Docquier, Darcis et Rasson.

Ces trois bureaux fonctionnèrent journellement pendant deux heures, durant une pleine année.

On y ajouta le placement de nos compatriotes des deux sexes, qui cherchaient une situation.

En 1915, les réfugiés belges étant devenus moins nombreux, le président, dans l'assemblée générale du 2 août, proposa une simple réunion hebdomadaire, afin d'éviter de trop grands dérangements au si dévoué M. Rasson, qui avait mis ses locaux à la disposition du Comité.

Sur une démarche du président, d'accord avec l'Œuvre du Vestiaire de Meurthe-et-Moselle, il fut décidé que le vestiaire fournirait les vêtements à nos compatriotes nécessiteux, mais que tous les dons reçus par nous lui seraient intégralement remis.

Dans une autre réunion, le Comité accepta les propositions du président et du trésorier, en vue d'acheter de nombreux petits articles et souvenirs belges, aussi des cartes postales, afin de vendre tous ces objets au profit des œuvres de guerre de la Société.

Les fonds de notre œuvre de bienfaisance s'épuisaient très vite ; chacun des membres avait souscrit suivant ses moyens en vue d'alimenter notre caisse de secours, mais il fallait régulariser ces secours et les continuer au fur et à mesure des nombreux besoins.

Il fut décidé que les enfants du président Docquier, Bertha, René et Georges, tiendraient le magasin de vente de tous ces articles et menus objets.

Le magasin fut tout d'abord ouvert dans les vastes locaux de M. Barghon, rue Saint-Dizier, puis à la maison Majorelle, rue Saint-Georges, enfin dans le grand hall des dépêches de l'*Est Républicain* que M. René Mercier mit gracieusement à notre disposition, sur la demande de MM. Docquier et Desoie.

Cette *vente* d'objets et de souvenirs belges dura plus d'un an et rapporta plus de 5.000 francs à la Société, avec une certaine quantité de dons, amenés par cette utile institution.

Mais bientôt, par suite de nos grandes dépenses et du nombre sans cesse grandissant de nos réfugiés à Nancy, la Société se vit dans l'obligation de faire appel à la générosité publique des Nancéiens et des Lorrains.

A la suite d'une démarche nouvelle de MM. Desoie, Thouyaret et Delhaize, M. le préfet Mirman, qui se montra toujours si dévoué à notre œuvre, nous octroya un secours de 3.000 francs, suivi d'un pareil don de 3.000 francs de MM. Solvay à Dombasle.

D'autre part, nous reçûmes aux mêmes intentions : de M. Léon Pignot, 250 francs; de M. Muhr, pour la maison François Vaxelaire, 250 francs; de M. Erb, à Toul, 500 francs.

Enfin, dans le but d'obtenir encore de nouvelles ressources qui devaient alimenter la caisse de la Société, le président Docquier reçut successivement, de M. le préfet de Meurthe-et-Moselle, du général commandant la place de Nancy et du commissaire central de police, l'autorisation de vendre sur la voie publique des souvenirs belges, en particulier les petits drapeaux belges, qui obtinrent par toute la ville un grand et légitime succès.

SERVICE FUNÈBRE AU SACRÉ-CŒUR

(18 octobre 1914.)

Dans l'assemblée générale de la Société au mois de septembre 1914, le président proposa de faire célébrer un service funèbre à la glorieuse mémoire des chers morts de la Belgique.

Cette motion fut adoptée à l'unanimité et le bureau du Comité fut chargé de l'organisation de cette cérémonie, qui eut lieu le dimanche 18 octobre, dans la basilique du Sacré-Cœur de Nancy, magnifiquement décorée pour la circonstance et remplie d'une foule immense. Le vieil évêque de Nancy, déjà bien souffrant, avait tenu à présider ce service, donnant ainsi une marque suprême d'affection à la Belgique martyre.

Autour du catafalque se tenaient de nombreuses autorités : MM. le représentant du préfet; Simon, maire de Nancy; le général commandant la place; le général Schneider, médecin-inspecteur; Sepulchre, consul de Belgique; Jambois, conseiller général, président du Comité de Secours aux réfugiés; H. Mengin, bâtonnier des avocats, le glorieux sapeur-pompier nancéien; L. Pignot, président de la Fédération des Commerçants ; la presse naucéienne, les membres du Souvenir Français et de la Croix-Rouge, etc.

Le R. P. Barret, grand ami des Belges, avait bien voulu accepter de prononcer une allocution.

On en lira le texte si émouvant et qui fit la plus vive impression sur le magnifique auditoire. Le Père Barret, avec sa parole si autorisée, avec ses accents de si haute et si prenante éloquence, fut ce jour-là un véritable prophète.

La quête, très fructueuse, fut faite par Mmes Darcis, Rasson, Thouvaret et Mlle Bertha Docquier. Le produit total fut généreusement abandonné au profit de notre œuvre par M. le chanoine Blaise, curé du Sacré-Cœur, à qui nous adressons nos plus vifs remerciements.

*
* *

Voici le texte de l'émouvante allocution, prononcée le 18 octobre 1914, dans la basilique du Sacré-Cœur de Nancy, par le R. P. Barret :

AUX MORTS DE LA BELGIQUE

Pro aris et focis :
Pour nos autels, pour nos foyers !

Au temps où, forte encore de sa pauvreté laborieuse, la République romaine disputait à l'envahisseur la liberté de son sol, on vit le peuple entier se lever pour sa défense. Les hommes mûrs combattaient, les femmes donnaient leurs cheveux pour tresser des cordes, les enfants prêtaient la faiblesse de leurs bras, les vieillards la sagesse de leurs conseils : un même frisson agitait toutes les âmes, un même cri jaillissait sur toutes les lèvres : *pour nos autels et pour nos foyers, pro aris et focis !*

Ce spectacle antique, Messieurs, un peuple vient de nous le donner : oui, c'est bien le même frisson sacré qui a fait tressaillir tous les cœurs, le même cri qui a jailli des lèvres de ce peuple belge dont je salue ici avec respect, groupée à nos côtés pour rendre hommage à ses morts, l'élite distinguée, la Société Belge de Bienfaisance.

Ce peuple jusque-là vivait paisible, simple, laborieux, ne songeant — ce que d'autres ignorent — qu'à recueillir dans l'honneur et la paix les fruits de son activité féconde. Wallons à l'esprit éveillé, à l'humeur joyeuse, Flamands à l'âme profonde qui semb'   ajo'rs poursuivre quelque rêve intérieur, ce peuple ai..· le·· ie, et sous sa bonhomie familière, on eût pu croire que ··· âme sommeillait, bercée par de molles brises et faite surtout pour goûter les loisirs de la paix.

C'eût été mal la connaître. Au plus profond de cette âme, des forces latentes, des énergies merveilleuses couvaient, qui n'attendaient qu'une occasion pour exploser.

Et l'occasion est venue ! Au-dessus de ces trésors de l'art dont ses artistes de génie avaient fleuri son sol, faisant d'elle comme le musée du monde, il est des trésors dont la Belgique était jalouse. C'était la Liberté, cette liberté au chant de laquelle elle était née, sous l'égide du drapeau de France, qu'elle a inscrite dans sa charte, glorifiée dans son histoire et qu'elle possédait si pleine, qu'elle pouvait, sans s'appauvrir, en faire aux voisins moins fortunés le présent magnifique !

C'était la Justice, le Droit, dont l'âme belge a comme nulle autre le sens, la passion, qui l'incline docile devant le devoir, mais qui éclate en de terribles colères quand on la blesse.

C'était l'Amitié, cette fidélité du cœur qui ne se reprend plus quand il s'est donné. Et pour la bien connaître, il faut, comme moi, l'avoir goûtée, sur tous les points de la Patrie belge et partout si délicate. Cette amitié belge, nous n'en savions rien jusqu'ici que la franche cordialité qui ouvre tout grands sa porte et son cœur; nous en savons aujourd'hui les dévouements intrépides et les héroïques fidélités.

Eh bien, ces trésors-là, Liberté, Justice, Amitié, le voisin orgueilleux voulait mettre la main sur eux ! Et devant la brutale surprise de l'agression, il fallait que sur l'heure la Belgique consentît ou résistât.

Si elle disait non, malheur à elle ! Le torrent dévastateur la submergerait sans pitié. Si elle cédait, on lui faisait de sonores promesses, mais derrière leur mensonge, la Belgique savait bien ce qui l'attendait : la servitude et la honte !

Et sans avoir même à se consulter, la Belgique a dit non ! Traduisant par les faits sa belle devise « l'Union fait la Force », elle s'est levée tout entière, elle s'est unie dans le sentiment des fiertés patriotiques : son Roi, doux, modeste et bon, en qui allait se révéler une âme de héros ; son armée, si bien entraînée sans qu'on le sût, prête à toutes les vaillances, digne héritière de celle avec laquelle César avouait devoir compter devant Bibracte et qu'il proclamait la plus valeureuse des Gaules ; son peuple loyal et fidèle, décidé à tous les sacrifices,... et riche de toutes ces forces unies, la Belgique se dressa et à l'envahisseur stupéfait de sa fière audace, elle dit : Tu ne passeras pas !

Ah ! cette fierté, pauvre Belgique, tu vas la payer cher ! De tes grandes et nobles cités, foyers de la science, sanctuaires de l'art et de la civilisation, il ne va plus rester que des pierres fumantes ! Dans tes villes riantes où s'abritait l'ex... ...nce familiale, droite et claire, séjour de l'activité con... ...cieuse, de la bonté cordiale aux mains toujours tendues, au cœur toujours ouvert, le fer et le feu sèmeront le deuil et la ruine ; tes campagnes aux fraîches verdures, aux grasses prairies où, de ses fortes mains, le paysan édifiait la richesse, seront dévastées ; tes soldats, un contre dix — on ne se bat bien qu'ainsi là-bas ! — scelleront de leur sang la victoire du nombre sur le courage ; tes citoyens paisibles et doux seront brutalisés, entraînés captifs, fusillés sans merci ; tes femmes insultées, tes enfants mêmes mutilés ! Ah ! quelle vision d'horreur et quel sacrifice !

Eh bien, Messieurs, ce sacrifice, la Belgique l'a fait comme elle fait toutes choses, simplement, sans phrases et sans peur ! Depuis l'ère des martyrs, on n'avait pas vu souvent un peuple mourir pour une idée. — Et la Belgique est morte pour une idée : l'honneur !

Mais qu'ai-je dit ? Morte ? Non pas ! Oui du sang, oui des ruines, oui des larmes partout. Oui ces doux héros à qui nous rendons en ce moment les honneurs funèbres et qui ne sont pas seulement *vos* morts, Messieurs, mais *nos* morts à nous, vos frères, comme le disent si bien sur ce catafalque, accouplés sous le crêpe du deuil et confondant leurs plis, le drapeau de Belgique et le drapeau de France !...

Mais non pas morts pour l'autre vie : car ces héros, fils de la Belgique invincible dans sa foi au Christ, étaient des croyants et ils vivent là-haut dans la paix de Dieu qui couronne le sacrifice !

Non pas morts pour le souvenir : car la Belgique, leur Mère, car la France qui sait ce qu'elle leur doit, recueilleront leur mémoire sur leur livre d'or !

Non pas même morts pour l'avenir : car par eux, la Patrie est vivante !

Oh non, chère Belgique, tu n'es pas morte ! Tu m'apparais au contraire plus vivante que jamais ; je te vois grandie, glorifiée, confirmée dans la conscience de ton âme nationale, de ton rôle historique, de ton devoir social.

Tu pleures aujourd'hui, mais demain tu te lèveras glorieuse. Car nous, tes alliés, tes frères, nous jurons de te faire plus belle que tu ne fus jamais. Tes trésors de l'art, nous te les rendrons, nous irons avec toi les chercher chez les spoliateurs, nous les accroîtrons des leurs. Tes cités, nous les rebâtirons, fières et lumineuses ; ton sol, nous le dilaterons à la mesure de ton courage ; ta liberté, nous la consacrerons, nous l'armerons si bien que nul n'y pourra plus porter la main ; ton amitié enfin, scellée de notre sang confondu, nous la ferons immortelle comme toi.

Belges et Français, enfants de la vieille Gaule tous deux, nous étions frères par la naissance ; aujourd'hui nous voici frères par la douleur ; demain nous serons frères dans la victoire et l'allégresse !

Et maintenant, Messieurs, tournons-nous vers nos morts. Demandons à Dieu qu'il fasse descendre sur eux sa paix éternelle et à travers leurs restes sanglants, saluons la Patrie belge si rayonnante aujourd'hui sous la pourpre de ce sang et promise demain à la gloire du triomphe !

Amen.

Le même jour, M. Émile Badel, rédacteur en chef du *Journal de la Meurthe*, toujours très sympathique (et depuis longtemps !) à nos œuvres belges, voulut bien écrire ce bel article :

NOS AMIS LES BELGES !

Au soir de la bataille de Pavie, le roi François Ier écrivait à sa mère Louise de Savoie : « Madame, tout est perdu, fors l'honneur ! »

Aujourd'hui le glorieux roi des Belges, Albert, peut aussi écrire à la Reine son épouse : « Madame, tout est perdu, fors l'armée et l'honneur ! »

L'honneur ! Comme il a mis cette noble vertu au-dessus de tout, ce vaillant peuple belge qui vient d'écrire, depuis deux mois, la plus belle page de son histoire, peuple héroïque guidé par un roi qui deviendra légendaire à l'égal des Roland, des Turenne et des Condé, le vrai Bayard des temps modernes, chevalier sans peur et sans reproche.

Ah ! la chère Belgique, la sainte nation sœur que nous aimions tant, que l'on visitait avec toujours un nouveau charme, et qui n'a pas hésité un seul instant à tout sacrifier pour l'honneur... et pour la France !

Pourrons-nous jamais reconnaître assez ce dévouement incomparable ?

La Belgique a tout sacrifié : ses villes splendides de Namur, Liége, Louvain et Malines ont été bombardées, pillées, dévastées ; sa capitale, Bruxelles, avec ses musées merveilleux, est la proie des barbares, qui ont volé les chefs-d'œuvre de peinture et d'orfèvrerie, bombardé les églises aux verrières fameuses, aux tombeaux précieux, aux toiles incomparables.

Anvers, la perle de l'Escaut, est entre leurs mains et l'on frémit à la pensée de ce que va devenir cette *Descente de Croix* de Rubens, le chef-d'œuvre du génie flamand !

Après les cités, les bourgades et les villages, les monastères et les écoles, les universités célèbres et les industries florissantes.

Ils ont tout anéanti et saccagé, par esprit de sauvage destruction ; ils ont fusillé les prêtres, les vierges consacrées à Dieu, les mères, les enfants, les bourgmestres innocents... ils ont voulu faire un désert de l'antique Basse-Lorraine et des Flandres, où tant de nos saints ont vécu dans les abbayes ou sur les marches du trône, où Godefroy de Bouillon chevauche toujours si fièrement sur le Caudenberg de Bruxelles.

La Belgique n'est plus qu'une ruine... à l'exception de Gand et de Tournay, de Bruges la Morte et d'Ostende de Mer.

Mais cette ruine est toute frémissante de vie... mais l'honneur est sauf, mais l'armée est intacte... mais le lion de Belgique rugit toujours, debout, là-bas, au-dessus de la place des Martyrs de Bruxelles et il nous crie de plus belle, à nous, Français : « L'union fait la force ! »

L'honneur et l'armée ! Le salut de toute patrie.

Le Roi, en homme de cœur qui sait son devoir, reste à la tête de ses troupes, et il va, en vrai paladin de gloire, au-devant de Guillaume et de sa séquelle sinistre de princes voleurs et de généraux assassins et incendiaires.

Quelle leçon, quel exemple magnanime !

Et comme la France victorieuse n'aura pas assez d'acclamations un jour pour ce roi des Belges, à qui nous donnerons la couronne de Godefroy de Bouillon et de Pépin de Landen, depuis Cologne jusqu'à Anvers !

Aujourd'hui, Nancy, dans un élan unanime, honore la mémoire des Belges tombés pour leur patrie et pour la France.

Nous étions frères de sang depuis la Gaule Belgique ; nous sommes frères d'honneur et de douleur en ces jours d'épreuve qui seront demain des jours d'allégresse et de triomphe.

Et alors, ô Belges de Nancy, ô vous qui avez voulu honorer ceux des vôtres tombés il y a cent ans à l'Étang des Morts de Bosserville, alors, nous érigerons, au lendemain de la victoire finale, un monument splendide aux Belges, nos frères, tombés en 1914 pour le droit, la civilisation, pour la Patrie et pour Dieu !

Et ce monument du square Godefroy de Bouillon, n'est-ce pas, Tasté, n'est-ce pas, Docquier, n'est-ce pas, Georges Vaxelaire, ce sera le Lion des Belges victorieux pour jamais de la barbarie teutonne... ce sera l'apothéose de ce peuple, petit par le nombre, grand par la bravoure, qui ne veut pas mourir et qui vivra dans l'éternel honneur pour la gloire de sa Patrie !

1915

Dans son assemblée générale du 24 janvier 1915, la Société belge décida de donner une grande conférence-concert à la Salle Poirel.

Le président fut chargé, avec les membres du Comité, d'organiser cette cérémonie patriotique, qui allait prendre les proportions d'une manifestation des plus émouvantes.

Après plusieurs démarches, M. le député Mélot, de Namur, accepta de venir à Nancy, le 14 février 1915, donner une grande conférence sur le martyre de la Belgique, et le R. P. Barret accepta également de parler sur un pays qu'il connaissait si bien.

Au jour fixé, la vaste Salle Poirel, mise à notre disposition gracieusement par M. le maire de Nancy, fut remplie d'une foule très sympathique.

Sur l'estrade, prirent place : MM. Mirman, préfet, Simon, maire de Nancy, Mgr Turinaz, plusieurs généraux, M. Sepulchre, consul de Belgique, M. Mélot, le Père Barret, le Comité de la Société.

M. le préfet Mirman tint à honneur de présenter lui-même à l'assistance les deux orateurs et à faire un éloge touchant de la Belgique, de ses nobles et vaillants souverains, de son armée, de ses citoyens valeureux.

Puis le R. P. Barret parla longuement à son tour, avec ce verbe éloquent qui est un véritable clairon.

M. le député Mélot fut merveilleux et souleva à maintes reprises les acclamations de son auditoire.

Après les discours eut lieu une magnifique partie de concert, exécutée par de talentueux artistes nancéiens.

Le programme était illustré d'un superbe dessin de Victor Prouvé; il nous avait été fourni par la Maison Berger-Levrault qui avait voulu participer à l'œuvre en accordant une réduction de 75 °/₀ sur les prix habituels.

*
* *

Le matin même de cette grande manifestation franco-belge, le *Journal de la Meurthe*, tiré à plus de 30.000 exemplaires et répandu à profusion par les rues de Nancy, avait publié ce bel article de M. Émile Badel, qui valut à son auteur les remerciements chaleureux du roi Albert, des ministres belges et de plusieurs sénateurs et députés :

Voici cet article :

LA SAINTE BELGIQUE

Un jour, dans la vénérable Collégiale de Sainte-Gudule, à Bruxelles, j'entendais un éloquent prédicateur — qui était peut-être le R. P. Barret — célébrer les gloires religieuses et patriotiques de la France et de la Belgique, exalter notre illustre Godefroy de Bouillon, dont la statue équestre se dresse au sommet du Caudenberg, et rappeler nos grands saints d'Austrasie, des Flandres, de Basse-Lorraine qui, depuis, me sont devenus très familiers et comme de vieux parents retrouvés.

Et dans cette excursion trop rapide à travers la Belgique, j'appris à connaître et à admirer les cathédrales merveilleuses de Malines, de Gand, d'Anvers, de Bruges, de Tournay et de Namur ; j'appris à vénérer ces villes saintes où les églises étaient des châsses, des reliquaires précieux et d'incomparables musées, où les musées me semblaient la suite de ces églises, où les monuments me rappelaient tant de souvenirs, communs à la Lorraine et à la Belgique.

A Tournay et à Bruges, chez Desclée et chez Van de Vivere Petyt, j'avais assisté à la rénovation de l'art religieux, dans l'imagerie et la typographie, porté à son plus haut degré de science, de tradition et de bon goût.

Et de cette Belgique catholique, il m'était resté comme un rayonnement de sainteté... et je demeurais l'adorateur de ces églises, de ces tableaux célèbres, de cette Chapelle du Saint-Sang de Bruges et de cette Châsse de Sainte-Ursule, le chef-d'œuvre de Memling.

Et puis la Belgique était si bonne, si maternelle, si sacrée pour tous nos exilés, pour nos religieux rédemptoristes et maristes, nos bons frères des écoles chrétiennes de Nancy et de Longuyon, pour nos sœurs de la Doctrine, du Saint Cœur de Marie, et tant d'autres que la tourmente brutale avait chassés de France.

La sainte Belgique. Elle était si accueillante et si douce, si suavement hospitalière. Et j'entends encore le cher Frère Athanase-Léon faire ici l'éloge de ce bon peuple belge, si chrétien et si généreux, ne se doutant pas qu'après deux mille ans, il redisait la parole même de César le Conquérant: *Optima gens Belgi !*

Oui, la Belgique nous était sacrée, à nous surtout, Lorrains, qui avions la même langue, les mêmes mœurs, les mêmes traditions, la même communauté d'origine!

Je ne voudrais pas aujourd'hui déflorer les belles et touchantes paroles que sauront trouver sur ce sujet les orateurs de la Salle Poirel : M. le député Melot et le Père Barret.

Mais ils me permettront bien de rappeler que la Lorraine a toujours été très accueillante aux Belges, si nombreux à Nancy et dans la région, et doublement nos frères aujourd'hui.

Ils me permettront de rappeler qu'en 1813 et 1814, beaucoup de jeunes soldats des provinces belges vinrent mourir à la Chartreuse de Bosserville, et que sur leur tombe centenaire, près des Monuments que nous leur avons élevés, flotte toujours le drapeau de la sainte Belgique.

Ils me permettront de rappeler que les Belges de Nancy ont été fidèles à ce culte du souvenir, qu'ils ont coopéré activement à ce Mémorial de gloire et qu'un jour de l'Exposition de Nancy, en 1909, une grande conférence fut donnée sur les relations de la Belgique et de la Lorraine à travers les siècles.

Mais aujourd'hui, la Belgique nous est sainte à un autre titre.

La Belgique est mutilée, la Belgique est foulée aux pieds par des barbares ; la Belgique a donné des milliers de martyrs à la cause de la religion, du droit et de la justice ; la Belgique n'est plus !!!

Mais elle revivra bientôt. Le royaume de Belgique renaîtra plus florissant, agrandi matériellement et moralement, et son glorieux monarque pourra se dire sans forfanterie : Roi des Belges et des Français !

En attendant, sept millions d'êtres humains, sept millions de catholiques pleurent, souffrent et succombent chaque jour.

Il faut les secourir, il faut les aider, il faut tendre la main pour ces infortunés qui ont tout perdu, sauf l'honneur, l'honneur qui restera la gloire impérissable de la Belgique de 1914.

Et je m'indigne et tout mon sang se révolte quand j'entends les étranges cardinaux de Cologne et de Munich exalter les hauts faits et les atrocités de leur Guillaume protestant et de ses soudards, les carnages et les massacres, les attentats contre Dieu, la Sainte Église, les prêtres et les temples sacrés.

Qu'ils soient patriotes allemands tant qu'ils voudront, ces cardinaux d'outre-Rhin, c'est leur droit et leur devoir... mais, au-dessus de la patrie, il y a Dieu ; au-dessus de l'empereur maudit et de ses abominations, il y a la Loi divine, il y a le Décalogue... et Dieu ne saurait être avec les impies. *Deus non irridetur !*

Ces deux hommes sont des déments ou des ignorants volontaires, et je voudrais être Louis XI pour les pouvoir promener dans tout l'univers chrétien dans une cage de fer, avec leur pourpre sanglante, pour les fustiger, les clouer au pilori, et les montrer aux peuples comme les complices des assassins, des incendiaires, des monstres les plus odieux que la terre ait jamais portés !

Pauvre et sainte Belgique, victime de ta foi et de ton point d'honneur !

Nancy la fière, Nancy la généreuse, Nancy la catholique ne voudra pas t'oublier, aujourd'hui que tu lui tends la main !

« L'Union fait la force », disait l'admirable devise de la nation belge.

Cette union, nous l'avons faite entre Nancéiens, entre Français. Cette union, nous l'avons faite entre France et Belgique, et dans un nouveau *Corda fratres*, nous allons lui donner, à notre sœur infortunée, mieux que le baiser d'amour et de paix... nous allons lui prodiguer notre or, notre argent, notre dévouement sans bornes, tout ce que nous possédons.

Et un jour, je le sens, dans ce panneau de deuil de son drapeau, la Belgique reconstituée et agrandie, voudra insérer nos trois couleurs françaises : le bleu de l'espérance, le blanc de la fidélité, le rouge de l'amour et du martyre, en mémoire du sang versé par les Belges et les Français en ces jours terribles de 1914 et 1915.

.

Voici le texte de l'allocution prononcée par le R. P. Barret à la séance organisée par le Comité belge de Bienfaisance de Nancy, le dimanche 14 février 1915 :

Monsieur le Député, Mesdames, Messieurs,

Vos cœurs viennent de tressaillir aux fiers accents des airs nationaux de France et de Belgique. Et dans leur rythme entraînant, si puissamment rendu, vous avez senti passer tour à tour l'âme de deux patries unies désormais d'une indissoluble amitié. Une même fierté les a mises debout, l'honneur national ; une même assurance les soutient, le droit que ne saurait primer la force ; une même confiance les anime et leur souffle l'audace de tous les héroïsmes, l'espérance, — que dis-je, — la certitude de la victoire ! Mieux encore qu'ici leurs drapeaux fraternellement confondus, là-bas leurs bras unis, leur sang mêlé attestent leur intime alliance et comme vous les unissez à votre tour dans une même admiration, vous les avez salués d'un même vival. Sur votre généreuse émotion je ne veux pas que descende, pour l'étouffer et l'attiédir, le morne ennui d'un discours.

Aussi bien, si le privilège d'une vieille et tendre affection pour la patrie belge m'a valu l'honneur de prendre le premier la parole, ne dois-je pas oublier que tout mon mandat tient dans cet humble mot *Prologue* et que les lois du genre exigent de tout prologue deux qualités essentielles, d'être clair et court !

J'y tâcherai sans peine, car le labeur de ce prologue se borne pour moi à une double présentation.

A vous d'abord, Monsieur le Député de Namur, que les chefs de votre Gouvernement, retenus par de graves devoirs, ont si heureusement choisi comme leur plus légitime interprète, je dois présenter les Nancéiens.

Vous les connaissez sans doute déjà de réputation ; on les dit gens posés, graves, voire même un peu froids. Ils savent pourtant, croyez-le, comprendre la grandeur d'une idée et la noblesse d'un dévouement.

Placés par la Providence en grand'garde avancée sur la frontière, ils ont conservé tout frémissant le souvenir des luttes d'il y a quarante-quatre ans ; la Lorraine mutilée n'a jamais voulu voir se fermer sa blessure, elle est demeurée l'incarnation tenace du patriotisme le plus chaud et quand a sonné pour le pays entier l'heure du danger, — n'est-ce pas alors, dit-on, que le sang reflue aux extrémités ? — oh ! si vous aviez pu voir, Monsieur le Député, le frisson sacré qui l'a secouée, l'enthousiasme des partants, le dévouement de ceux qui sont restés et depuis lors, sous les deuils qui se multiplient comme sous la menace fanfaronne des zeppelins et des taubes, la fière attitude de son peuple !

C'est vous dire, Monsieur le Député, que ce peuple-là comprend l'héroïsme. Et comme il le comprend, il sait aussi le saluer partout où il le rencontre. Pour ne se donner qu'à bon escient, sa sympathie, quand elle se donne, se donne sans réserve. Chez nous le proverbe ne ment pas qui dit : « A tête froide, cœur chaud. » Eh bien, ce cœur-là, Monsieur le Député, il est désormais tout entier à la Belgique.

Oui, notre cœur a tressailli d'admiration quand, alors que dans une brutale surprise, au mépris des traités, aveuglé par l'orgueil de sa force, l'envahisseur vous sommait de lui livrer passage, il a vu la Belgique ne prendre conseil que de son honneur et d'un unanime élan se dresser pour dire : « On ne passe pas ! »

Ce cœur-là, Monsieur le Député, il a vibré de gratitude émue quand il a vu, un mois durant, l'armée belge attirer sur elle seule, tenir en échec, et, pour un peu, briser l'effort de l'assaillant déconcerté de cette vaillance imprévue..... Ce cœur-là, il s'est attendri quand il a vu de quelle rançon d'horreurs la Belgique payait sa fière loyauté : ses nobles cités livrées au pillage et à l'incendie, les trésors de l'art dont ses artistes de génie avaient fleuri son sol et qui avaient fait de la Belgique comme le musée du monde, ou sacrilègement détruits, ou cupidement volés; ses paisibles citoyens égorgés, voués à l'infamie; tout son sol enfin jonché de ruines, inondé de sang, saturé de hontes !...

Ce cœur-là enfin, Monsieur le Député, il a vibré d'enthousiasme quand il a vu, malgré tout cela, la Belgique traquée à bout de souffle, tenir bon quand même et, maintenant sa main loyale dans la main de la France, sa sœur et bientôt sa vengeresse, poursuivre à ses côtés la lutte, les yeux fixés sur le drapeau, les bras tendus vers l'avenir !

Tout près de nous, Monsieur le Député, au bois Robin de Bosserville, dort depuis quelque cent ans une élite de vos frères qui furent les héros de la Grande Armée. A leurs restes, sur le marbre du cénotaphe, Nancy a gravé naguère, avec la mémoire de leur vaillance, la fidélité de son souvenir; mais, cette fois, à ceux des vôtres qui sont tombés pour la commune cause, c'est dans nos cœurs que nous voulons dresser un impérissable monument !

Si vous jetez les yeux sur la foule qui se presse dans cette enceinte trop petite pour la contenir, au rang d'honneur des préséances comme parmi les derniers gradins et jusque sur cette scène, vous verrez se mêler fraternellement les représentants de toutes les autorités, toutes les opinions, toutes les classes. C'est le symbole touchant de cette unité grandiose des âmes françaises en qui l'appel de la Patrie en danger a fait oublier les vieilles querelles pour les grouper dans l'unanimité des fiertés nationales et des communs devoirs. Eh bien, Monsieur le Député, à ce lien puissant de leur union s'en ajoute en ce moment un autre qui n'est pas moins robuste, celui de leur commune admiration, de leur gratitude et de leur affection unanimes pour la Belgique. En organisant cette séance, le Comité belge de Bienfaisance de Nancy — dont l'industrieuse activité si intelligemment conduite par son admirable président M. Docquier, n'a cessé de se multiplier — a voulu solliciter discrètement la générosité nancéienne dont il connaît l'inépuisable trésor et les sympathies... Notre presse locale, qui, dans ses divers organes ne veut plus être aujourd'hui qu'une plume française et des mieux taillées, tout entière au service des nobles causes qui nous passionnent, s'est faite l'interprète chaleureuse de cet appel.

Et nous, Monsieur le Député, nous avons répondu avec joie à cet appel et en y répondant nous avons voulu payer de notre mieux notre petite part de la dette que la France s'est fait un honneur de reconnaître. Et voilà pourquoi, — car il est temps que je me souvienne de mon métier de prologue, — si vous voulez bien consulter le programme dont un de nos meilleurs artistes a dessiné l'exergue, vous y lirez avec les sujets les plus attrayants, échos fidèles de nos patriotiques espoirs, les noms les plus distingués, les dévouements les plus délicats, puis, pour signature, invisible peut-être, mais pourtant voulue, celle-ci :

A la Belgique Nancy reconnaissante !...

Et maintenant, Mesdames et Messieurs, pour être fidèle à ma consigne, je devrais, si brièvement que ce fût, car l'heure presse, vous présenter à vous-mêmes, M. Mélot.

Mais a-t-il en vérité besoin d'un introducteur auprès de vous ? et ne l'avez-vous pas dès l'abord prévenu déjà de vos sympathies et salué de vos hommages ?

Membre des plus écoutés de ce Parlement belge qui nous a donné, en ces jours tragiques, l'exemple de l'union la plus résolue et de la loyauté la plus invincible, M. Mélot est, vous le savez, député de la province de Namur.

Celle-ci ne compte point parmi les provinces belges les plus peuplées ni peut-être les plus riches en monuments et en trésors de l'art. Mais ceux qui l'ont visitée n'ont pas oublié son charme pittoresque.

S'élevant à l'orée de la frontière française, reliée à notre patrie par le ruban d'argent souple et sinueux de la Meuse où se mirent coquettement tour à tour sa citadelle altière, ses collines ombreuses, ses laborieuses cités, ses riantes bourgades, ses rochers titanesques, la province de Namur était, elle est entre toutes la terre natale de cette bonhomie wallonne, faite de bon sens et de joyeuse humeur qui s'accorde si bien avec les nôtres ; le séjour de l'existence familiale simple et reposée, de l'activité consciencieuse, de la bonté souriante, aux mains toujours tendues, au cœur toujours ouvert. Et le touriste aimait jadis à parcourir ce joli pays vêtu de gai soleil et de fraîche verdure, où choses et gens lui ménageaient si bon accueil.

Hélas, s'il y retourne demain, quelle vision d'horreur l'attend ! partout des ruines, du sang, des larmes. Non, ce ne sont pas des hommes qui ont passé par là. C'est l'enfer même qui y a vomi sa lie impure et sanguinaire ! Et déjà le dixième de cette population paisible a péri, plus de huit cents victimes, rien qu'à Dinant, — Dinant le joyau meusien, Dinant jadis la coquette, aujourd'hui la désolée ! — Les maris torturés sous les yeux de leurs femmes, les enfants égorgés au sein de leurs mères, les prêtres mutilés atrocement par une haine satanique, l'innocence profanée, puis, pour finir, ce qu'une barbarie raffinée appela dans sa cruelle ironie le *pardon d'Andenne,* c'est-à-dire, après le massacre de trois cent vingt bourgeois, les survivants, les orphelins et les veuves, qui s'enfonçaient dans les décombres pour ne rien voir, obligés, sous la menace des baïonnettes, d'assister à l'orgie crapuleuse des vainqueurs et d'applaudir aux *Hoch* avinés dont ils glorifiaient leur empereur !

Il ne suffisait donc pas de blesser la chair, il fallait encore faire saigner les âmes ! Oh cela, n'est-ce pas, crie vengeance au Ciel, mais cela aussi appelle des pitiés infinies !

Et voilà, Mesdames et Messieurs, ce que représente ici devant vous le député de cette province : le martyre de la Belgique !

En lui encore vous saluerez Celui et Celle vers qui sont montées, pour les grandir à jamais devant l'histoire, les admirations méritées du monde entier ! Ce roi Albert, modèle des vertus familiales, si doux hier à son peuple et si fier aujourd'hui devant l'oppresseur ! Ce roi qui dans sa loyauté naïve ne croyait pas que la parole donnée pût être un vain mot, ni le traité juré un « chiffon de papier » ! Ce roi qu'aucun engagement ne liait envers nous, mais qui n'a pas voulu trahir l'amitié en laissant faire et qui, après avoir payé de la liberté de son pays, de la ruine et de la vie de ses sujets, du sac de ses villes, le salut de son fier honneur, n'estime pas l'avoir payé trop cher. Ce roi enfin qu'on voit aujourd'hui au côté de ses soldats, — moins un maître, qu'un compagnon et un ami, — défendre pied à pied les derniers lambeaux de son royaume, héros sublime et bon ! Messieurs, honneur à ce roi !

Puis, près de lui, ce fin profil de reine, si touchante en sa grâce frêle, qui, oubliant ses angoisses, se réjouit presque d'avoir perdu tous les privilèges de sa royale dignité pour n'en plus exercer désormais que le plus doux : la charité !

Mesdames et Messieurs, c'est encore cette double majesté du malheur et de l'héroïsme que vous saluerez en celui qui la représente ici devant vous et par lui, à ce roi, à cette reine nous adressons notre hommage attendri !

Enfin, Monsieur le Député, il est, en terminant, quelque chose encore que je veux saluer en vous et que vous représentez à nos yeux : l'espérance !

Ah ! pour vous sans doute hier fut bien douloureux. Aujourd'hui semble indécis, et sur le sol aimé où la ruine a partout marqué son passage, l'usurpateur écrit rageusement avec le fer et le feu, les seules plumes qu'il sache manier, « Terre d'empire » !

Mais à qui la porte noblement, la douleur est féconde ; mais dans l'indécise et morne attente où se méditent les coups suprêmes, je vois poindre déjà des lueurs d'aurore. Et demain, je vous le jure, s'illuminera de clartés radieuses.

Eh quoi, la Belgique qui jusque-là, simple et laborieuse, ne songeait qu'à recueillir dans l'honneur et la paix les fruits de son activité féconde, se serait vue sournoisement attaquée dans ses droits, elle se serait faite, aux yeux des nations, le champion spontané de la liberté, cette liberté

par laquelle on vit et pour laquelle on meurt, elle aurait
versé pour sa défense tout le sang de ses veines et donné
au monde ému la leçon du plus magnifique héroïsme et il
suffirait d'un trait de plume et d'un coup d'épée pour la
rayer de la carte de l'univers !... pour affirmer la victoire
de la force sur le droit, de la perfidie sur la loyauté, de la
barbarie sur la civilisation !...

Oh non, voyez-vous, cela n'est pas possible, cela ne sera
pas ! Car il y a des justices immanentes qui ne se peuvent
prescrire. Car cette main que la Belgique, sa sœur, a pla-
cée dans la sienne, la France ne la lâchera pas ! Fallût-il
y verser son dernier centime et y faire tuer son dernier
homme, la France n'oubliera jamais ce qu'elle doit à la
Belgique, elle se souviendra de sa mission séculaire qui fut
toujours de protéger le faible, de venger l'opprimé et
d'abriter aux plis frémissants de ses drapeaux la liberté,
l'honneur et le courage malheureux ; elle ne déposera les
armes que quand elle aura vu la Belgique restaurée, accrue
et désormais inviolable, reprendre sa place d'honneur
parmi les nations !...

Car si, comme nous le croyons fermement, Dieu tient en
ses mains puissantes le sort des peuples et donne la victoire
à qui il lui plaît, il est aussi le Dieu des grandes justices
éternelles et il ne saurait oublier tout ce que la Belgique
catholique, non moins jalouse de sa foi que de son
honneur, respectueuse des libertés d'autrui, mais résolu-
ment croyante, a fait pour lui et Dieu, Mesdames et Messieurs, Dieu n'est pas un ingrat !.....

Forte de toutes ces espérances, ne pleure donc plus,
ô Belgique, lève les yeux vers les hauteurs d'où descendent
sur toi les joyeuses promesses de demain. Non, malgré le
sang versé à flots de tes enfants, tu n'es point morte ; tu
m'apparais au contraire plus vivante que jamais, épurée
par le sacrifice, toujours vibrante d'une indomptable
énergie, confirmée dans la conscience de ton rôle social, et
dans ce petit coin de terre, encore battu par la mitraille, où
la violence t'a réduite, c'est ton âme entière qui palpite et
qui chante !...

Non, tu ne mourras point et demain, au fier soleil de la

victoire, tu te lèveras rajeunie, dans la pourpre de tes immolations et la gloire de ton triomphe !...

Et voilà, Monsieur le Député, l'espérance que Nancy salue en vous ! Emportez-la dans votre cœur pour en consoler vos deuils et puisque vous avez été si bon que de venir faire la connaissance des Lorrains en écoutant par mon humble voix battre leurs cœurs amis, revenez bientôt chanter avec eux les allégresses de notre commune victoire !...

*
* *

Nous empruntons au *Journal de la Meurthe* du mardi 16 février 1915 le compte rendu complet de cette belle manifestation franco-belge de Nancy.

Ce fut une inoubliable manifestation de patriotisme ardent et de bonne union franco-belge, que cette cérémonie organisée par la Société belge de Bienfaisance de Nancy.

On avait espéré un moment, pour présider cette conférence, avoir un des ministres de Belgique, M. Carton de Wyart. Mais l'honorable ministre de la Justice, retenu au Havre par d'accablantes occupations, ne put s'y dérober un seul jour pour répondre à l'appel de son excellent ami le Père Barret et des Belges de Nancy.

M. Mélot, le vaillant député catholique de Namur, avait bien voulu accepter de venir parler aux Nancéiens de l'héroïque Belgique, martyre du droit et de l'honneur.

Aussi cette manifestation prit-elle facilement un grand caractère de foi religieuse et patriotique.

Dès avant 2 heures, la Salle Poirel était archi-comble. On mettait même aux enchères les dernières places debout.

Le service était fait par les jeunes gens et les jeunes filles de la Société belge de Nancy, quêteuses et vendeuses du beau programme joliment illustré par Victor Prouvé.

Dans les couloirs et sur la scène, des plantes vertes encadrant des trophées de drapeaux français et belges.

A 2ʰ 30, aux accents de la *Marseillaise* et de la *Brabançonne*, écoutées debout par toute l'assistance, les autorités font leur entrée.

Prennent place sur la scène aux côtés de M. le député Mélot, de Namur, Mgr l'archevêque, M. le préfet Mirman, M. le général Fournery, M. le maire de Nancy, deux autres officiers, M. Sepulchre, consul de Belgique à Nancy, le Père Barret, MM. Desoie et Docquier, présidents de la Société belge.

Dans la salle, toute l'élite de la société nancéienne se presse : prêtres, officiers, professeurs, artistes, industriels, commerçants ; c'est à qui aura voulu venir témoigner toute sa sympathie au représentant officiel de la pauvre et chère Belgique.

Après les deux hymnes nationaux, M. le préfet Mirman se lève, et dans une chaleureuse et brillante improvisation, apporte à la Belgique le salut de Nancy, de la Lorraine et de la France tout entière.

Il salue la vaillante nation et le peuple tout entier, qui, oubliant ses anciennes divisions, s'est uni merveilleusement et n'a plus eu qu'une seule âme, une seule volonté, une seule espérance.

Il salue le roi Albert qui montre à l'univers entier un si noble exemple; il salue la reine qui s'est attirée la reconnaissance émue de toutes les nations.

Il salue la vaillante armée, le général Leman, le héros de Liége, le grand cardinal Mercier qui a su éveiller dans tous de profonds sentiments d'admiration. Il salue le clergé belge, héroïque et martyr, les artistes, les littérateurs, romanciers et poètes, les ingénieurs, les paysans, qui sont l'honneur de leur vaillante patrie.

M. Mirman, très bien inspiré, montre comment la Lorraine, mutilée et souffrante, elle aussi, a voulu rendre hommage à sa sœur de toujours, la chère et sainte Belgique, à qui vont notre fraternelle pitié et notre profonde admiration.

Et M. le préfet termine en disant que le jour des réparations luira bientôt et que l'inoubliable honneur de la Belgique sera d'avoir donné au monde une leçon de force morale.

Les paroles de M. Léon Mirman furent maintes fois entrecoupées par d'enthousiastes applaudissements qui redoublèrent durant la conférence-prologue du R. P. Barret.

A vrai dire, l'éloquence du Père Barret est mieux faite pour la chaire de nos vastes églises que pour le style académique des conférences de la Salle Poirel.

L'orateur lisait ce qu'il appela spirituellement sa préface, sorte de présentation de Nancy à M. Mélot, et de M. le député de Namur à l'auditoire.

Mais, vibrant toujours et quand même, le Père Barret sut forcer la consigne, sortir d'un genre qui n'est fait ni pour son verbe éclatant ni pour ses idées, et se faire sans cesse applaudir par l'assistance ravie.

Il célébra la chère Belgique en termes émouvants, rappelant son histoire héroïque, sa beauté, ses richesses, puis il la montra blessée, agonisante, frémissante, les bras tendus vers l'avenir.

Il fit ensuite un tableau fort précis et comme une étude très fouillée du caractère lorrain et du caractère wallon; il rappela l'œuvre des Nancéiens et des Belges pour le monument commun des morts de Bosserville, et dans une superbe envolée, s'écria : « Si nous avons gravé sur le granit les noms des Belges morts il y a cent ans, les Belges qui viennent de mourir pour la France auront dans nos cœurs un monument impérissable. »

L'orateur rend ensuite hommage aux autorités nancéiennes, unies dans un même désir de générosité et dans les mêmes devoirs ; il remercie la presse locale de ses appels ardents en faveur de la « sainte Belgique », il remercie tous ceux qui ont concouru à cette manifestation patriotique : M. Stéveniers et tous les artistes, M. Victor Prouvé, M. Docquier et sa vaillante société.

Enfin, le Père Barret présente M. le député Mélot, membre influent du Parlement belge, envoyé officiellement à Nancy par son Gouvernement.

Il fait une description charmante de la si pittoresque province de Namur, de tout le pays wallon, de ses sites de la Meuse, de ses habitants, remplis de bon sens et de joyeuse humeur.

Puis il nous décrit rapidement les horribles tragédies de Namur, de Dinant et d'Andenne ; il fait l'éloge du Roi et de la Reine, et nous fait assister aux vaillants exploits de l'armée belge.

Il termine en affirmant que la France n'abandonnera jamais la Belgique et que Dieu, qui sait ce que la catholique Belgique a fait pour Lui, ne sera pas pour Elle un ingrat.

Dans une belle péroraison, apostrophe émue à la Belgique, le Père Barret magnifie l'Espérance :

Espérance qu'il salue dans l'aurore de la victoire, l'espérance dans l'amitié des Belges, l'espérance dans ce fier et courageux député qui vient de sentir battre tant de cœurs amis, et qui reviendra bientôt à Nancy chanter les *Te Deum* de la victoire et les allégresses du triomphe.

Toutes les phrases du Père Barret furent, pour ainsi dire, hachées d'applaudissements enthousiastes.

Enfin M. Mélot se leva.

D'apparence très modeste et très simple, le sympathique député est un bel orateur politique qui joue admirablement de la langue française dans ses plus délicates nuances.

Il ne cherche pas l'effet... mais il le trouve... et son récit émouvant excite tour à tour l'enthousiasme, l'émotion, la terreur et la pitié.

Pas de gestes, pas d'action oratoire.

C'est un conférencier qui vient nous dire ce qu'il sait, ce qu'il a vu, ce qu'il a entendu, qui vient exalter les gloires de son pays et raconter ses malheurs.

Mais comme il a su faire vibrer toute la salle... et comme les applaudissements n'ont cessé de lui prouver qu'il était en parfaite communion avec les âmes et les cœurs de tous les Nancéiens !

On sent que M. Mélot est tout rempli de son sujet... c'est à peine s'il consulte ses notes.

D'une voix un peu faible tout d'abord, mais qui va s'élevant bientôt, il salue d'abord l'œuvre de la Société belge de Nancy, il salue toutes les amitiés françaises, les autorités présentes, et la vieille cité lorraine au passé si glorieux et qui reste à l'avant-garde de la civilisation en face de la barbarie allemande.

M. Mélot nous raconte, avec des frémissements dans la voix, les malheurs de sa chère patrie, l'exode de ses pauvres compatriotes, leur tristesse et leur détresse, les crimes de Dinant, d'Andenne... et nous dévoile des atrocités infernales que la plume se refuse à reproduire.

L'homme politique avisé, le diplomate habile, le jurisconsulte éprouvé reparaît, quand il nous rappelle la neutralité de la Belgique, la paix perpétuelle fondée sur des traités sacrés, que les Allemands ont appelés des « chiffons de papier ».

Et il montre l'infâme duperie des Allemands et leurs perpétuels attentats contre le droit des gens.

C'est ensuite le récit de la séance historique du Parlement belge le 4 août, l'union sacrée de tous, l'arrivée des Allemands à Namur, les incendies, les fusillades, les meurtres, les violences et les pillages de tout genre, le tout organisé systématiquement et par ordre.

M. Mélot salue en passant l'héroïque bourgmestre de Bruxelles, M. Max, le cardinal Mercier, déjà prince de l'Église, mais devenu prince du courage sacerdotal, le clergé belge martyr de sa foi et de son patriotisme et ces admirables soldats belges qui marchent sans peur et sans défaillance à la conquête de leur patrie, « dignes de combattre aux côtés de cette incomparable armée française, tenace, endurante, sûre de la victoire comme aux grands jours de la Révolution et de l'Empire ».

Il salue le courage, les vertus et les qualités superbes du Roi et de la Reine, et fait leur éloge à tous deux.

Enfin il parle — en quels termes pleins de fierté ! — de l'honneur de la Belgique, de sa résistance héroïque en vue de rester la gardienne des lois morales, de la civilisation, du droit des gens.

M. Mélot termine son émouvant discours, par un appel à l'Espérance, par une prière à la Patrie, fille de la bourgeoisie des Flandres et de la révolution brabançonne... et par un défi du droit et de la justice à la barbarie et à la brutalité germaniques.

Une ovation indescriptible est faite au vaillant député.

Les applaudissements ne cessent pas pendant plusieurs minutes.

Toutes les mains voudraient serrer les mains de ce Belge si fier, si plein de courage et d'espoir... toutes les poitrines voudraient crier bien haut l'émotion qui étreint tous les cœurs : « Vive la Belgique ! »

Puis la scène se vide et la seconde partie commence.

C'est un délicieux concert qui eut lieu ensuite.

On y entendit divers artistes nancéiens, aimés du public et plusieurs musiciens liégeois, exilés de leur pays et qui faisaient partie de cette fameuse *Légia* que nous avions tant applaudie à l'Exposition de Nancy en 1909.

Pour ce concert, M. Émile Hinzelin avait composé une très belle poésie : *La Guerre du Droit*, mise en musique par notre talentueux artiste Georges Sadler, aussi bon soldat que bon compositeur, et dédiée à M. le préfet Mirman.

Tour à tour, M. Stéveniers, professeur honoraire au Conservatoire, M. Dominique Bonnaud, dans ses œuvres choisies ; M. Thouyaret, avec ses vues de Belgique en projections ; M. Jean Sky, du Gymnase de Liège, dans ses poésies ; M. Siat et M. Dalmorès, sans oublier Mlle Marthe René, vibrante incarnation de la France et de la Belgique, surent charmer les oreilles des auditeurs.

Le concert se termina par une délicieuse comédie : *La Paix chez soi*, jouée avec art et beaucoup de verve par notre vieil ami Paulin et Mme Lucy Bannerot.

Telle fut cette matinée de bienfaisance, de réconfort et de foi patriotique, au profit des soldats et des réfugiés belges.

La Société de Nancy peut être fière de ce grand succès. Elle nous dira demain les généreuses offrandes qu'elle a recueillies. Mais ce qu'elle ne voudra pas dire, c'est le dévouement admirable de tous ses membres et la belle union qui les anime et qui les groupe, invincibles et sans peur, autour des drapeaux de France et de Belgique, liés pour jamais par l'héroïsme et le martyre.

***

Le 2 mai 1915, une nouvelle matinée franco-belge fut donnée à la Salle Poirel, au profit des œuvres de bienfaisance de notre Société.

Nous en empruntons le compte rendu à l'*Est Républicain* du 4 mai 1915 :

Deux conférences ont précédé la partie musicale et une fort amusante pochade. On a pu ainsi joindre l'utile à l'agréable, et les applaudissements n'ont été ménagés — c'était d'ailleurs justice — ni aux artistes ni aux conférenciers.

Toute la salle, debout et frémissante, a d'abord écouté les hymnes des nations alliées, dont les drapeaux, escortés par une garde d'honneur de boy-scouts, étaient portés par une charmante Alsacienne et d'alertes garçonnets, costumés en soldats belge, anglais et russe.

Puis, M. Nothomb, dont le grand-père fut député d'Arlon, et qui mérite d'être lui-même un des représentants de la Jeune Belgique agrandie, fait un tableau émouvant du martyre de son pays, de cette petite et glorieuse Belgique, sœur de notre Lorraine par l'héroïsme et la souffrance, tableau qui, s'il appelle la pitié pour la victime, appelle la haine pour le bourreau.

Nous ne rappellerons pas ici de nouveau les cruautés sans nombre et sans nom dont les Barbares d'outre-Rhin se sont rendus coupables en Belgique, et dans lesquelles ils ont mis une sorte de sadisme.

Avant et après !... Et M. Nothomb accompagne son récit des incroyables atrocités d'une évocation poétique, dont le contraste arrache des larmes, des petites cités flamandes et wallonnes, pleines de bonheur et de solitude. Et il évoque aussi le souvenir d'un grand soldat roux incarnant toute la Germanie — qu'il a vu, de ses yeux vu, dans un carrefour d'Andenne — une hache à la main, ivre, abattant les passants au fur et à mesure qu'ils arrivent à portée de sa rage sanglante

Il a vu les vieillards servant de « jeu de massacre », les vieillards sur lesquels les soudards du kaiser s'exerçaient au tir ; il a vu les prêtres crucifiés, les femmes torturées, les enfants mutilés.

A Tamine, ville d'usines, ville ouvrière, 53o civils, 53o mâles furent pris au hasard. Il y en avait de treize ans, il y en avait de quatre-vingt-quinze. On les colla au mur, et l'on tira.

Tous tombèrent, sous les regards affolés de la population, des femmes, des frères, des sœurs, des enfants, conviés au spectacle. Alors, l'officier teuton cria :

— Je promets la vie sauve à ceux qui lèveront les mains !

Il y avait parmi les tas de morts, de nombreux blessés. 25 environ les levèrent.

L'officier donna un ordre. Une seconde fusillade les abattit, pour de bon cette fois. Au reste, officiers, sous-officiers, soldats, et même les brancardiers, achevèrent la tâche à coups de crosse et à coups de talon !

Il paraît cependant qu'il restait encore quelques martyrs vivants.

Il en restait au moins un. Les fossoyeurs prévinrent un major. Celui-ci rugit :

— Qu'on l'enterre avec les autres !

Et il fut ainsi fait...

Elles sont, hélas ! nombreuses, les pauvres villes qui ont subi ces crimes contre la chair et le sang de la Belgique. C'est Louvain qui a vu le crime contre l'esprit, Louvain, la ville savante, la ville universitaire, dont tous les trésors, transformés en cendres, se sont dispersés au gré des vents.

A Ypres, c'est le crime contre le génie civil, le crime prémédité, car la cité était pour ainsi dire restée intacte, alors que les Halles, cette merveille des siècles passés, ce joyau de l'architecture, étaient remplacées par un trou noir ! Les boulets allemands avaient creusé leurs entonnoirs.

A Termonde, c'est, si l'on peut ainsi dire, le crime contre la mort. Car, après avoir incendié la ville, les Allemands y sont revenus certain soir de défaite, et on les a vus incendier des rues !

Eh bien ! de ces ruines, s'écrie l'orateur en un élan superbe, il faut du moins en conserver le souvenir. Lorsque nos villes seront reconstruites, il faut que ces ruines restent des témoins éternels de notre martyre pour le droit, pour la justice et pour la liberté, et aussi pour la haine contre les Allemands.

La conférence de M. Nothomb, est-il besoin de le dire, a produit par moments une émotion poignante et de bien des yeux coulaient des larmes pendant qu'il traduisait, simplement, mais avec tant d'éloquence, les douleurs et les espérances de sa patrie.

Le général Cherfils, que nous n'avons pas besoin de présenter à nos lecteurs, car il est bien connu en Lorraine, où il commanda, il n'y a pas très longtemps encore, une brigade, puis la belle division indépendante de cavalerie de Lunéville, fait une conférence toute militaire.

Évidemment, le général, dont les opinions politiques sont également bien connues, n'a pas toujours les louanges ni les critiques que nous pourrions avoir, mais peut-on ergoter aujourd'hui, à un moment où l'union sacrée est plus nécessaire que jamais, et où les querelles de partis semblent bien démodées, dans l'explosion des bombes et dans le retentissement quotidien du canon ?

Au reste, le général Cherfils consacre pour ainsi dire son exorde à notre préfet. Il salue précisément en lui cette union sacrée dont nous parlions tout à l'heure, et il voudrait même voir les feuilles de son baudrier d'argent changées en feuilles de chêne, insigne de nos généraux.

Et puis, ne promet-il pas de garder l'union sacrée et de ne rien prononcer de désagréable au Gouvernement ?

Après avoir dit le plaisir particulier qu'il éprouve à revenir en Lorraine et avoir flétri les assassinats des avions et des zeppelins dans une ville ouverte, il a une envolée magnifique pour saluer notre vaillant 20e corps, et tous les braves qui ont sauvé Nancy, mieux que n'auraient pu le faire des ceintures de forts.

Il dit ensuite, en véritable et minutieux tacticien, tous les préparatifs de l'Allemagne, et il dit aussi les fautes de ses généraux et de son kaiser.

Ah ! certes, la France était loin d'être prête pour une guerre aussi formidable. Mais à qui la faute ?

Pourquoi, par exemple, n'avions-nous pas de canons lourds ? Nous n'en avions pas, parce que nos meilleurs généraux, et le général Langlois était de ceux-là, — et il n'était pas le seul, — croyant que la victoire irait uniquement à l'offensive, préféraient aux grosses pièces encombrantes les pièces légères de campagne qui peuvent suivre la course des armées.

Hélas ! La course ne dura que le temps d'une retraite, et ce furent ensuite les tranchées, ce fut une sorte de guerre de forteresse à laquelle on ne s'attendait point.

C'est miracle, vraiment, que la horde envahissante ait pu être un jour arrêtée devant Paris.

C'est miracle, en effet. Le brillant conférencier salue ici le génie du généralissime, notre grand Joffre, le vainqueur de la Marne, mais en sa qualité de chrétien convaincu et pratiquant, il attribue surtout la victoire au miracle céleste, aux prières de la France, à notre bonne

Lorraine, la bergère de Domremy, dont le nom, Jeanne d'Arc, formait précisément, dit-il, le mot d'ordre, le jour où s'engagea la bataille qui nous sauva.

Le général Foch, notre ancien commandant du 20e corps, a pris aussi une belle part dans le miracle, et le conférencier lui adresse un vibrant éloge, d'une concision toute militaire, en disant qu'il fut là réellement extraordinaire.

Miraculeuse aussi la non-poursuite de notre armée après Charleroi, par une cavalerie nombreuse et audacieuse ; miraculeux, les arrêts devant Maubeuge et devant Liége, qui nous permettent de nous ressaisir ; miraculeuse la décision du kaiser d'engager l'offensive de deux côtés à la fois, contre la France et contre la Russie. Le conférencier voit dans tous ces faits autant de miracles et par respect pour la trêve sacrée, aucun de ses auditeurs, qui n'ont pas ses croyances, ne donne de signe d'impatience ni même d'incrédulité... Et c'est là une fière leçon de patriotisme pour certains ennemis de la République qui se complaisent, eux, à formuler dans leurs écrits et leurs discours de véritables réquisitoires, aux arguments puisés dans nos luttes politiques, dans l'antimilitarisme, dans la loi de deux ans, dans notre insuffisante préparation militaire au début des hostilités.

Il n'est pas possible de résumer d'une façon juste une pareille conférence par quelques notes prises sous la chevauchée des phrases et des idées.

Notre incompétence militaire ne nous permet pas de risquer des hérésies sur le terrain technique et l'union sacrée nous défend encore plus d'examiner si les causes de nos premiers revers et si les raisons des succès qui les suivirent sont d'ordre stratégique ou d'ordre surnaturel.

Nous retiendrons simplement la conclusion, car elle est d'une radieuse espérance. Nous pouvons nous attendre à quelque chose de formidable et de simultané, qui abrégera la lutte gigantesque, et nous permettra de traverser le Rhin « gaulois », qui a bien tenu jadis dans notre verre.

Mais l'heure de la partie artistique du programme est depuis longtemps arrivée. L'orchestre y prélude par l'ouverture des *Noces d'argent* de Demarquois ; puis, une mignonne Alsacienne, élève du poète Thiriot, — Mlle Petitjean — vient, d'une façon vibrante, raconter comment les cigognes de Strasbourg sauront accueillir le drapeau tricolore.

Félicitations toutes particulières à Mlle Lucie Feriel, deuxième prix de notre Conservatoire. Sous les doigts de la charmante artiste, son violoncelle interpréta d'une manière parfaite les œuvres du grand maître Massenet et celles de Lalo.

Le *Petit Drapeau* fut chanté avec des accents patriotiques par M. Rousseau. Et il fut accompagné par un brave territorial du 52e, qui se montra du reste aussi bon chanteur qu'excellent musicien. Ce fut d'une voix grave et superbe qu'il nous chanta l'*Hymne aux Morts pour la Patrie.* Et rien n'était plus touchant que d'entendre un soldat dire aux jeunes victimes tombées pour la France : « Vous mourez en nous donnant la vie ! »

Mais une toute blonde artiste nous amène le sourire. C'est Mlle Yvonne Gilles. Elle nous assure avec le compositeur Lecocq que... si elle a perdu ses œufs... elle a sauvé son innocence. Vous voudrez bien le croire, n'est-ce pas ?

Ajoutons que toutes ces jeunes artistes furent remerciées et fleuries par M. Docquier, l'un des dévoués organisateurs des conférences belges.

Voici une fine comédie : *L'Asile de nuit.* MM. J. Sky, Hiebler et Mainville, tout en nous initiant aux beautés de l'Administration, obtiennent des applaudissements dus au vrai mérite.

Un merci particulier à Paulin, le fin diseur, pour le joli poème de Zamacoïs sur la Belgique martyre, et un bravo pour sa spirituelle boutade sur le Kaiser.

N'oublions pas M. Bergogne, dont la voix de ténor se fit applaudir dans l'air de *Joseph* de Méhul, ni la toute charmante Mlle Prince, qui fut merveilleuse dans l'air de *Michaëlla* de *Carmen.*

Que dire encore de M. Jamar, le célèbre violoniste ? Les applaudissements que lui valurent la *Polonaise du vieux temps*, mais surtout le *Sautillé* brillant et pimpant dont il est l'auteur, lui assurent plus que jamais les faveurs du public.

M. Tasset, chef d'orchestre, se montra, comme toujours, le plus dévoué des accompagnateurs.

Un merci particulier aux gentilles quêteuses. Espérons que les oboles seront tombées généreuses dans leurs corbeilles fleuries et que la vaillante et courageuse Belgique trouvera toujours chez nous des amis reconnaissants.

1916.

L'année 1916, troublée constamment par les bombardements de Nancy, par l'exode d'une partie de la population, la Société Belge de Bienfaisance ne put songer — à son vif regret — à organiser ni concerts, ni conférences.

1917.

Mais le 25 février 1917 fut une grande date pour notre Société.

M. Émile Vandervelde, ministre d'État, avait bien voulu venir à Nancy, donner une grande conférence à l'Hôtel de Ville. Il avait pris pour sujet : *Les Déportations d'ouvriers en Belgique*.

En voici le compte rendu, d'après l'*Éclair de l'Est* du 26 février :

La Société belge de Bienfaisance de Nancy peut être fière du succès qu'elle a réalisé dimanche.

Malgré une magnifique après-midi invitant tout le monde à la promenade, à côté des offices et des prédications du premier dimanche de carême qui avaient rempli nos églises, elle a pu cependant réunir au grand salon de l'Hôtel de Ville une assemblée compacte qui refluait jusque dans le Salon carré.

Aussi à l'heure exacte, alors que les retardataires arrivaient encore, la séance a-t-elle pu s'ouvrir, conformément au programme, par l'exécution de la *Brabançonne* puis de la *Marseillaise*, brillamment enlevées par la fanfare du 39e territorial.

Debout, toute l'assistance a écouté respectueusement les deux hymnes nationaux.

Discours de M. le Préfet.

Puis M. Mirman, préfet de Meurthe-et-Moselle, a prononcé le discours suivant :

M. le président de la Société belge de Bienfaisance m'avait demandé de vous présenter M. Vandervelde. Vous pensez bien que je n'ai accepté cette mission qu'après en avoir autrement défini les termes. M. Vandervelde n'est pas de ceux en effet qu'on présente à des auditeurs français, mais de ceux qu'en leur nom et très bas on salue.

Je vous connais assez, Monsieur Vandervelde, dans votre présent comme dans votre passé, pour ne pas commettre la faute de rappeler ici tous vos titres personnels à notre respectueuse sympathie. Je sais que vous m'arrêteriez net si j'exposais la part importante que vous avez prise, que vous prenez chaque jour à l'organisation de notre lutte commune contre le monstre. Aussi, sûr de me conformer à votre désir en paraissant oublier votre rôle propre — qui, tant au point de vue matériel qu'au point de vue moral, fut et demeure de premier ordre — je saluerai simplement en vous, Monsieur le Ministre, le représentant d'une grande nation. Permettez-moi donc de déposer entre vos mains l'hommage de profonde sympathie, d'affectueuse admiration, que les populations lorraines de Meurthe-et-Moselle offrent en ce jour à la noble Belgique. (*Applaudissements.*)

Oh! oui, la Belgique est bien une grande et noble nation. Elle est, hélas! envahie : du sol de la patrie il n'est plus, comme vous avez écrit après un pèlerinage aux bords ensanglantés de l'Yser, que « quelques lieues carrées à peine, pays de brouillards et de marécages, arrosé de sang, semé de ruines », où flotte son drapeau. Elle est meurtrie : la Bête longtemps s'est acharnée sur elle, et chaque jour invente encore pour la martyriser des supplices nouveaux. Et cependant, en dehors de l'Allemagne et de ses valets, il n'est pas dans le monde un homme, digne de ce nom, qui n'aimât mieux mille fois être le plus modeste tâcheron de Belgique que le plus puissant seigneur de Germanie.

C'est que la Belgique — dans la personne de son roi, de son armée, de ses illustres comme de ses plus humbles citoyens, dans la personne de tout son peuple, unanimement groupé autour du drapeau — est auréolée de cette gloire magnifique, de cette gloire impérissable d'avoir, en face du mensonge, de la force, du crime, dressé ceci : *l'honneur !*

L'honneur! Oh! Messieurs, je pense souvent à la scène tragique qui s'est passée, en septembre 1914, à la Maison du Peuple de Bruxelles. Je n'en connais point de plus émouvante dans l'histoire des hommes. C'était après l'incendie de Louvain, après les massacres de Visé, de Tamines, d'Aerschot; il prit fantaisie à quelques chefs du parti socialiste allemand de venir, sanglés dans leurs uniformes de la Garde, trouver à la Maison du Peuple, les socialistes de Bruxelles, leurs camarades d'hier. Ils leur dirent : « Ne vous en prenez de tous vos malheurs qu'à vous-mêmes. Vous n'aviez qu'à nous laisser passer. » Et comme les socialistes belges répondaient qu'il y avait pour eux une question de droit et d'honneur : « L'honneur, leur crièrent les Boches, voilà bien de l'idéologie bourgeoise! »

L'honneur, conception bourgeoise... non pas en tous cas de la bourgeoisie allemande!... quelle pire calomnie a jamais été proférée contre le peuple ! A ces mots cyniques, révélateurs d'une mentalité allemande spéciale — que vous-même ne soupçonniez pas, Vandervelde, vous qui aviez étudié et qui mieux que quiconque connaissiez l'Allemagne, — on peut dire que devant la raison de l'homme un grand voile s'est déchiré.

Ah ! l'humanité avait fait de beaux rêves. En Belgique, comme en France, comme en Angleterre, chaque homme prêtait aux autres hommes, d'Allemagne ou d'ailleurs, une âme semblable à son âme. Il y a plus : sans que l'idée de patrie s'en trouvât atteinte, les catholiques, les protestants, les libéraux, les socialistes des autres nations considéraient que catholiques, protestants, libéraux et socialistes allemands avaient une foi, des principes, des aspirations, toute une formation intellectuelle et morale comparable aux leurs et que cette communauté confessionnelle ou politique préparait la voie à des aménagements supérieurs d'humanité. La vérité est apparue. Qui se refusera à recueillir ces fruits de l'expérience ? Qui se refusera à constater que ces nobles mots de religion, de socialisme, de morale, représentent d'un côté dans le monde, d'autre part en Allemagne, des conceptions, des sensibilités, des états d'âme qui n'ont aucun rapport entre eux. (*Applaudissements.*)

En dehors de quelque analogie tout extérieure dans le costume et dans le langage rituel, qu'y a-t-il de commun entre la radieuse figure du cardinal Mercier et ce cardinal archevêque de Cologne, qui écrit : « C'est avec Dieu que nos soldats sont partis pour cette guerre, dans laquelle nous combattons pour les trésors sacrés du christianisme et son bienfait la Kultur » ?

Qu'y a-t-il de commun entre nos pasteurs protestants tout imprégnés de la parole du Christ, et ce pasteur Dryander, prédicateur à la cour de Berlin, qui écrit : « De notre côté on combat avec une maîtrise de soi, une conscience et une douceur, dont l'histoire universelle n'offre peut-être pas d'exemple jusqu'ici » ?

Qu'y a-t-il de commun entre nos intellectuels et le professeur Lasson qui dit : « Nos caractéristiques sont l'humanité, la douceur, la conscience, les vertus chrétiennes. Dans un monde de méchanceté, nous représentons l'amour, et Dieu est avec nous » ?

Qu'y a-t-il de commun entre notre peuple de France ou de Belgique et cet officier boche, qui, à l'instituteur de Chantcheux, donnant sa parole d'honneur qu'aucun habitant n'avait tiré un coup de fusil, hurla : « Cochons de Français, ne parlez pas d'honneur, vous n'en avez pas » ?

En dehors de quelque similitude entre les apparences de certains gestes et de certaines formules, qu'y a-t-il de commun, en septembre 1914, à la Maison du Peuple de Bruxelles, entre les socialistes allemands et belges dressés les uns contre les autres en un irréductible conflit moral, ceux-là déclarant que les sentiments d'honneur, de fidélité à la parole donnée, de respect des contrats et des traités, étaient à leurs yeux de méprisables fadaises, bonnes pour des rêveurs bourgeois, ceux-ci protestant à la face du monde que, pour l'honneur, eux, leurs femmes, leurs enfants, étaient prêts à souffrir et à mourir ? (*Applaudissements.*)

Ce qui fait la tragique grandeur, unique dans l'histoire, des événements actuels, c'est que cette guerre — où d'importants intérêts matériels sont assurément mêlés — est, avant tout, essentiellement *une guerre entre deux idées,* entre deux conceptions opposées, incompatibles, du droit, de l'honneur, de la morale, du divin, de la civilisation, de tout ce qui devrait constituer le patrimoine commun de l'humanité, de tout ce par quoi la vie vaut la peine d'être vécue, de tout ce par quoi l'homme s'élève peu à peu au-dessus de l'animal et prépare pour l'avenir une cité meilleure. Il s'agit de savoir laquelle triomphera : de l'idée du droit, par exemple, du droit selon la conception allemande, c'est-à-dire d'un droit spécial à l'Allemagne, d'un droit domestiqué, d'un droit au service des seuls intérêts allemands, ou de l'idée du droit universel et constant, telle qu'elle est commune à toutes les autres consciences humaines et peut ainsi servir à la fois de garantie et d'idéal à toutes les nations du monde.

La gloire de la Belgique ne lui est pas seulement acquise par l'héroïsme de son armée, à Liége d'abord et plus tard sur l'Yser, ni par la virile persévérance avec laquelle, après ces rudes assauts, elle a su reconstituer ses forces combattantes, ni par le courage civique de tout son peuple, du roi Albert aux ouvriers de Gand et de Mons, du bourgmestre de Bruxelles aux gavroches de Charleroi, son incomparable gloire ce sera, aux yeux de l'Histoire, d'avoir été, à l'heure solennelle — ce sera aussi de demeurer dans l'avenir — contre le droit, la morale, l'honneur *allemands,* le symbole magnifique du droit, de la morale et de l'honneur humains. (*Applaudissements.*)

Parce que, pour cet idéal, elle s'est, sans hésitation, jetée au combat, parce que sans défaillance, elle a subi pour cette cause sainte les pires supplices, nulle part dans le monde plus qu'en France, nulle part en France plus qu'en Lorraine, la Belgique n'est honorée et n'est aimée. Aussi, Monsieur le Ministre, suis-je l'interprète des sentiments unanimes des populations de Meurthe-et-Moselle — populations patriotiquement unies, populations éprouvées et vaillantes comme les populations sœurs de Belgique — en saluant en votre personne votre grande et noble nation et en criant, de toute la ferveur de mon âme : « Vivent la Belgique, ses héros et ses martyrs, son peuple, son armée et son roi » (*Longues salves d'applaudissements.*)

Conférence de M. É. Vandervelde.

Le ministre du roi Albert prend ensuite la parole et, après quelques mots gracieux pour Nancy, qui a connu toutes les affres de la guerre, sauf la dernière et la pire, l'invasion et l'occupation, il entre, sans phrases, dans son sujet : « Les déportations d'ouvriers en Belgique »

L'orateur ne cherche ni l'émotion ni les effets par les grands mots ; il retrace simplement les choses telles qu'elles se sont passées, invoquant même les documents officiels germaniques. Il suffit, en effet, de produire les faits pour engendrer l'indignation.

Autrefois, du temps de Rome et de Babylone, les tyrans vainqueurs emmenaient en esclavage les victimes vaincues. Mais depuis des siècles cette barbarie avait disparu. Il était donné aux Allemands de la Kultur de la faire renaître au grand soleil du vingtième siècle.

Des centaines de milliers de Belges ont été arrachés à leurs foyers, déportés soit en France envahie, soit en Allemagne et contraints à travailler contre leur patrie, dans les conditions d'humanité les plus odieuses. Exemple : un père de sept enfants est désigné par les bourreaux boches au moment où sa femme vient de mourir. Des démarches sont faites, les autorités municipales interviennent pour obtenir que cet infortuné soit maintenu chez lui, avec ses orphelins. Vains efforts : Germania est insensible ; plus elle est cruelle, plus elle se proclame humaine et, farouche, elle arrache ce mari du lit de mort de sa femme, ce père à ses petits enfants sans ressources.

La déportation, se défendent les Boches, n'a rien de contraire aux stipulations de La Haye. C'est vrai ; le code de La Haye n'a pas plus prévu la déportation que le code de Lycurgue à Lacédémone n'avait prévu le parricide. Il y a des atrocités devant lesquelles recule la conscience humaine. Mais les Allemands avaient pris des engagements. Il fallait faire rentrer en Belgique les Belges réfugiés en France, en Angleterre, en Hollande.

Le noble cardinal Mercier intervint : du général von Huhn, il obtint l'assurance formelle et écrite que les Belges ne pouvaient être ni contraints au service militaire, ni transportés pour un travail forcé. Et du général von der Goltz, gouverneur de la Belgique, devant deux témoins, le cardinal-archevêque de Malines reçut la ratification solennelle de cet engagement.

Les réfugiés rentrèrent ; quelques semaines après, la déportation commençait ; les édits allemands étaient publiés successivement dans toute la Belgique

Les envahisseurs ont prétendu agir dans l'intérêt des Belges et les arracher aux effets funestes de l'oisiveté : mensonge, car, au début surtout, travailleurs et sans-travail étaient traités sur le même pied et emmenés d'égale façon. Plus tard, on râfla surtout des chômeurs. Mais pourquoi chômaient-ils? Parce qu'en détruisant ou en enlevant dans les usines belges le matériel, l'outillage, les matières premières, les Allemands ont rendu presque tout travail impossible.

Ils offraient un contrat de travail rémunéré largement ; à peine quelques individualités isolées ont consenti à le signer. L'immense majorité, on peut dire l'unanimité des ouvriers belges ont préféré l'esclavage à 30 pfennigs par jour, à la honte de travailler contre leur patrie, contre leur honneur, contre la liberté.

A Gembloux, en un jour, les Allemands capturent plusieurs milliers d'ouvriers : ils les font monter dans des wagons à bestiaux et les y laissent longuement. Les Belges chantent la *Brabançonne*, puis la *Marseillaise*, qui est devenue le symbole de la protestation de tous les peuples libres contre les puissances de proie. Pendant des heures, le chant de la liberté se fait entendre. Pour l'étouffer, les Boches amènent une de leurs musiques régimentaires et les cuivres sonores s'efforcent de couvrir les voix humaines. Les ouvriers chantent de plus belle; à eux se joignent leurs femmes et leurs enfants qui bordent la voie. Plus les instruments font rage, plus les voix les défient et les surmontent. Symbole magnifique, car le cuivre du militarisme allemand n'a d'autre but que l'écrasement de la liberté du monde qui se défendra et triomphera au chant de

> *Liberté, liberté chérie,*
> *Combats avec tes défenseurs.*

En effet, cette odieuse mesure de la déportation a eu pour conséquence de soulever — pour la première fois depuis la guerre — les protestations unanimes des neutres. D'après des informations récentes, mais pour lesquelles il faut attendre confirmation, l'Allemagne serait sur le point de renoncer aux déportations et de rapatrier les déportés. Si cela se vérifie, il ne faudra pas y voir les motifs d'humanité qu'elle invoquera, mais en réalité l'insuccès de sa tentative. L'entreprise ne paie pas, comme on dit en Amérique. Indigner les neutres sans bénéfice matériel, ce serait jeu de dupe. Or il est très probable que les Belges condamnés au travail forcé ont dû si habilement saboter leur tâche que les Boches préfèrent renoncer à utiliser cette main-d'œuvre rebelle.

Quoi qu'il arrive, la déportation a été pour l'Allemagne le crime suprême et la suprême honte. Mais les Belges de toutes les classes ont trouvé l'occasion de faire valoir leur attachement à l'honneur et à la liberté, jusqu'au jour prochain, espérons-le, où la victoire leur rendra leur patrie libre et indépendante. Ainsi soit-il !

Le Concert.

Bien des fois applaudi, M. Vandervelde, pendant que toutes les mains battent d'une extrémité à l'autre du Salon, descend de la tribune avec M. le préfet et M. Docquier, président de la Société, laissant la place aux musiciens.

En effet, une partie artistique terminait la séance qui s'est prolongée jusqu'au delà de 5ʰ 30.

La fanfare du 39ᵉ territorial, M. Heck, l'excellent professeur de violon de notre Conservatoire, et Mˡˡᵉ Yvonne Petitjean, s'y sont disputé les applaudissements du public.

Cependant d'aimables quêteuses parcouraient les rangs des auditeurs et ont dû y faire ample récolte pour les œuvres d'assistance aux prisonniers belges en Allemagne.

.*.

Voici le texte complet du discours de M. Émile Vandervelde :

> Mon cher Préfet,
> Mesdames,
> Messieurs,

Je suis d'autant plus ému de vos paroles de bienvenue, qu'elles me sont adressées par le préfet de Meurthe-et-Moselle, aux avant-postes de la France, dans votre ville de Nancy, moins admirable pour la splendeur de ses monuments ou la grandeur de ses souvenirs, que pour la noble, calme, inflexible résistance qu'elle oppose aux armées de l'invasion.

En venant vous parler des déportations belges, je remplis un mandat formel et précis.

Il y a quelques semaines, par un triste jour de décembre, j'ai reçu de Belgique, de Belgique occupée, un douloureux message, portant la date du 28 novembre 1916. C'étaient des résolutions votées par nos associations ouvrières, sans distinction de tendances, protestant contre les déportations en masse dont, après vos compatriotes, les Belges étaient victimes, et nous demandant de jeter à travers le monde, de jeter à tous les amis de notre pays, le cri de détresse de notre prolétariat. C'est dans ces conditions que je voudrais exposer, objectivement, sans phrases, en contenant autant que je le pourrai les sentiments que j'éprouve, ce qui vient de se passer en Belgique.

Voici d'abord un texte, l'arrêté du grand quartier général allemand, en date du 3 octobre 1916, qui se trouve à la base de toutes les mesures prises pour déporter les travailleurs belges :

Les personnes capables de travailler pourront être con-

traintes de force au travail, même en dehors de leur domicile, dans le cas où pour cause de jeux, d'ivrognerie, d'oisiveté, de manque d'ouvrage ou de paresse, elles seraient forcées de recourir à l'assistance d'autrui pour leur entretien et celui des personnes qu'elles auraient à leur charge. Quiconque étant appelé à travailler refusera l'ouvrage sera passible d'une peine d'emprisonnement et d'une amende, jusqu'à concurrence de 1.000 marks. Si l'action a été commise en complicité et de concert avec plusieurs personnes, chaque commune sera punie comme en étant l'auteur.

C'est ainsi qu'on a condamné comme complices les magistrats communaux qui refusaient de livrer la liste des chômeurs, et c'est dans ces conditions que les gouverneurs militaires des diverses régions ont pris des mesures qui ont eu pour résultat de déporter de Belgique et d'envoyer en Allemagne, par milliers, des citoyens belges.

Rien que dans la zone des étapes, dans la zone des opérations, on évalue à 50.000 le nombre des déportés; dans la province d'Anvers, 15.000; des milliers dans les autres provinces. Si bien qu'à l'heure actuelle le total doit atteindre 100.000. Je dois ajouter, car je fais appel à votre raison et non pas à vos passions, que dans ces derniers temps la machine à déporter a fonctionné plus lentement. Il semble que les protestations des pays neutres aient eu quelque effet. On ne déporte plus par masses, on choisit les victimes; on procède à des sélections individuelles; on prend les ouvriers qualifiés, ceux qui peuvent servir le plus utilement dans les usines de guerre et on leur dit : « Vous avez le choix, voici un contrat à signer; si, trahissant votre patrie, vous signez, on vous donnera, selon l'expression du général von Bissing, un confortable salaire. Si vous ne signez pas, vous serez déportés et contraints au travail. »

Ai-je besoin, Mesdames et Messieurs, de qualifier pareilles mesures? J'ose dire qu'elles constituent trois crimes en un seul.

D'abord, une atteinte flagrante à la liberté de domicile; des hommes, des ouvriers, voire des gens de toutes conditions, de toutes classes, avaient un foyer, une famille, des parents; on les a condamnés au bannissement par mesure administrative. On a condamné à la déportation des citoyens qui n'avaient commis aucun délit, aucune infraction.

En second lieu, alors que la Révolution française a consacré dans tous les pays la liberté du travail, l'établissement d'un régime de travail forcé.

Enfin, troisième crime, le plus inexpiable de tous, l'établissement d'un régime de travail forcé contre leur propre pays, l'obligation imposée à des hommes de creuser eux-mêmes le tombeau de leur patrie !

Je sais que les Allemands soutiennent que les déportés ne sont pas directement astreints à des travaux d'intérêt militaire. Je reconnais que, pour un certain nombre d'entre eux, il en est ainsi. Ils servent seulement à libérer des Allemands, à permettre l'envoi au front de travailleurs qui étaient employés à d'autres travaux. Mais, d'autre part, une série d'irrécusables témoignages établissent que, dans un grand nombre de cas, les déportés ont été astreints à des travaux militaires. Dans les Flandres, par exemple, des prisonniers russes qui se sont évadés ont dit avoir vu des centaines d'ouvriers belges qu'on employait à creuser des tranchées sous le feu de l'artillerie anglaise, à moins de 4 kilomètres des lignes.

D'autre part, dans le nord de la France, de votre France occupée, on a vu ces derniers temps, du côté de Laon et dans d'autres régions, par exemple à Saint-Quentin, des milliers de travailleurs belges. Ils avaient refusé de faire des tranchées chez eux. On les occupait à construire en France des voies ferrées d'intérêt militaire. Ils sont nourris comme ailleurs sont nourris les bestiaux, d'un mélange de blé et de betteraves crues. S'ils ne travaillent pas, on les frappe. Si quelqu'un de vos compatriotes, apitoyé, leur adresse la parole, on l'emprisonne. Les Français pour leur venir en aide ne peuvent faire qu'une chose, cacher dans les haies le morceau de pain qui leur est refusé par les Allemands.

Et, à côté de ceux qui sont restés en Belgique dans d'autres provinces, à côté de ceux qui sont en France, il y en a des milliers qui sont partis pour une destination qui leur était inconnue et qui, après deux ou trois jours de voyage, dans des wagons à bestiaux, se sont trouvés en Allemagne, où on les fait travailler dans les carrières, dans les mines, dans les usines, les contraignant à préparer le prochain effort de l'ennemi.

Tels sont les faits. Et la première question qui se pose est de savoir si de tels faits constituent une violation de la loi internationale.

Je n'examinerai pas si l'article des actes de La Haye qui interdit d'employer les populations envahies aux travaux militaires est applicable dans sa lettre. Je suis même disposé à croire qu'il n'y a rien dans cet acte de La Haye qui interdit en termes exprès les déportations en masse, car ceux qui les ont votés, sous la présidence de M. Léon Bourgeois, n'ont pu songer que jamais un peuple civilisé aurait recours à de tels moyens de barbarie.

Le parricide n'était pas prévu par les lois antiques ! Le crime des déportations en masse n'a peut-être pas été prévu par les textes de La Haye !

Mais ce qui est certain, et je veux insister sur ce point, c'est que les déportations constituent une violation indéniable, flagrante, manifeste, d'engagements écrits, de promesses solennelles qui ont été pris vis-à-vis des autorités belges.

C'était au lendemain de la chute d'Anvers. Presque toute la population de la ville s'était enfuie en Hollande. On se souvenait de Visé, de Termonde, de Louvain. Le Gouvernement hollandais, préoccupé de voir son territoire envahi par cette marée humaine, par cette armée de misérables, s'adressa au Gouvernement allemand, et on lui donna l'assurance que les Belges pouvaient rentrer chez eux, qu'ils ne seraient pas inquiétés en Belgique. Le cardinal-archevêque de Malines lui-même s'adressa au gouverneur militaire d'alors, le maréchal von der Goltz, et lui demanda de prendre l'engagement de ne pas contraindre soit au service militaire, soit au travail en Allemagne, les Belges qui rejoindraient leurs foyers. Le maréchal se rendit lui-même au palais archiépiscopal, et là, devant ses aides de camp, devant les prêtres qui entouraient l'archevêque, il fit la promesse formelle que les Belges ne seraient jamais contraints ni au travail ni au service militaire. De plus, le gouverneur militaire d'Anvers envoya au cardinal-archevêque une lettre qui fut lue le 18 octobre 1914 dans toutes les églises, lettre qui contenait la promesse suivante :

Les jeunes gens n'ont pas à craindre d'être emmenés en Allemagne, soit pour y être enrôlés dans l'armée, soit pour y être employés à des travaux forcés.

C'est sur la foi de ces engagements que, peu à peu, encouragés par leurs prêtres, par leurs magistrats communaux, par les autorités hollandaises elles-mêmes, les réfugiés belges rentrèrent dans leurs foyers. Mais peu à peu ils virent ce pays se fermer. La Belgique fut transformée en une cage immense. Je ne puis pas trouver d'autre mot pour décrire la situation actuelle. On me montrait, l'autre jour, une photographie de la frontière belge du nord : un triple rang de fer barbelé et, derrière, des sentinelles allemandes, le fusil au poing ; bref, interdiction de sortir sous peine d'être tué par les soldats ou d'être foudroyé par un courant électrique !

Il n'y a plus pour les Belges qu'une porte de sortie : elle les conduit soit en Allemagne, soit dans les départements envahis. Et c'est dans ces conditions que les mesures de déportation ont été prises et que près de 100.000 hommes ont été arrachés à leurs familles et au sol natal.

Est-il besoin de vous dire que, dans la Belgique entière, s'est élevé un long cri de protestation ? Les députés, les sénateurs, les évêques, le cardinal de Malines, tous se sont adressés à celui qui représentait à Bruxelles l'autorité allemande, le général von Bissing, et ils lui ont demandé raison de ses promesses, ils lui ont demandé comment elles se conciliaient avec les mesures dont il ordonnait l'exécution ! Il leur fut répondu que ces mesures n'étaient pas prises dans l'intérêt de l'Allemagne, mais bien dans l'intérêt de la Belgique, dans l'intérêt des ouvriers belges, pour les soustraire au chômage ou pour les guérir de leur paresse.

Le prétexte invoqué par l'Allemagne, c'est qu'il y a en Belgique des centaines de milliers de chômeurs et que, pour les aider à vivre, il faut les contraindre à travailler.

Tout d'abord, il importe d'observer que, parmi les déportés, il en est un grand nombre qui ne chômaient pas, qui continuaient à travailler, et qui ont été retirés de leur usine. Parfois même on a déporté des hommes qui n'étaient pas des ouvriers, qui participaient à l'administration du pays. A Arlon, par exemple, on a déporté tous les membres du Comité de ravitaillement. Quant aux chômeurs, est-il exact de dire, comme le prétendent les Allemands, que ce sont des paresseux, des chômeurs volontaires? Vous le savez, il y a en ce moment, en Belgique, plus d'un demi-million d'hommes qui ne travaillent pas, qui n'ont d'autres moyens d'alimentation que le pain et la viande qui leur sont donnés par le Comité américain ou par le Gouvernement belge lui-même.

Or, pourquoi chôment-ils, pourquoi nos usines sont-elles fermées, pourquoi nos industries sont-elles paralysées? Parce que l'Allemagne a envahi la Belgique. Parce que l'Allemagne a commis, vis-à-vis de la Belgique, une injustice dont le chancelier impérial a lui-même fait l'aveu. Et il ne faut pas oublier que chaque crime qui est commis actuellement en Belgique est la conséquence et le fruit nécessaire du premier crime, de la première injustice, de la violation de la neutralité belge.

Mais à ces causes fondamentales, viennent s'ajouter d'autres causes. S'il y a 500.000 chômeurs en Belgique, c'est aussi parce que l'occupant a écrasé le pays sous de formidables contributions de guerre. A ce peuple, qui venait de souffrir tout ce qu'un peuple peut souffrir, qui voyait le travail lui échapper, qui était déjà ruiné par l'invasion et par la guerre, le Gouvernement allemand n'a pas hésité à imposer des contributions de guerre qui dépassent actuellement un milliard de francs. Et ce n'est pas tout. Beaucoup d'usines auraient pu continuer à fournir à leurs ouvriers un peu de travail; mais les Allemands ont enlevé les matières premières, ont réquisitionné les machines pour les envoyer en Allemagne. Ils font actuellement un recensement minutieux des courroies de transmission. Ils achèvent de rendre impossible le travail et ils reprochent aux ouvriers de ne pas travailler !

Les administrations locales avaient décidé d'employer les chômeurs à des travaux d'intérêt communal, on le leur a interdit, en disant que, comme elles avaient déjà de lourdes contributions de guerre à payer, elles ne devaient pas gaspiller leur argent à occuper des ouvriers sans travail.

Voilà déjà des raisons qui expliquent le nombre des chômeurs qui existent dans notre pays :

Interdiction de faire des travaux d'intérêt local ;

Confiscation des machines, des matières premières et des moyens de production ;

Contributions de guerre, qui dépassent ce que le pays pouvait réellement payer, et enfin la guerre elle-même, qui a été l'une des premières causes du chômage.

Mais, cependant, je reconnais que, malgré tout, les ouvriers belges pourraient trouver du travail. Ils pourraient gagner des salaires et de hauts salaires. Il leur suffirait pour cela de travailler dans l'intérêt de l'Allemagne, de travailler contre leur propre pays. Mais ce sera l'éternel honneur de ce prolétariat, que j'ai tant aimé, que j'aime plus encore après ces longs mois d'épreuves, ce sera l'éternel honneur des ouvriers belges d'avoir fait la grève des bras croisés, d'avoir fait la grève contre la guerre, et, à ceux qui leur offraient du pain en échange d'une trahison, d'avoir répondu : Nous ne voulons pas de ce pain-là ! (*Applaudissements.*)

Et parce qu'ils ne voulaient pas travailler de la sorte, parce qu'ils aiment avant tout leur pays, parce qu'ils ont juré de ne pas servir l'envahisseur, on les a réquisitionnés, on les a dénombrés comme un vil bétail, choisissant les plus grands, les plus forts, les plus vigoureux, comme le faisaient autrefois les négriers sur les marchés d'esclaves.

Ce matin même, je lisais le récit vraiment poignant de ce qui s'est passé dans la ville de Wavre et dans les environs. Il faut entrer dans le détail, dans de tels détails, pour pénétrer l'horreur de pareils actes. Certains jours, alors que beaucoup d'ouvriers étaient déjà à l'usine, on afficha dans toutes les localités de la région, à 7 heures du matin, l'ordre d'être une heure après au chef-lieu de canton. Les femmes, les petits enfants, qui savent comment l'autorité allemande entend que ses ordres soient exécutés, allèrent en pleurant chercher leurs maris, leurs pères à l'usine, et tous se mirent en marche, sous la pluie, dans la brume de novembre. Ils arrivèrent à Wavre, où on les enferma dans les bâtiments d'écoles.

On procéda à leur interrogatoire et à leur examen. Ils défilaient devant quelques officiers allemands : Ceux dont on ne voulait pas, à droite ! Ceux qui étaient bons pour le service en faveur de l'Allemagne, à gauche ! Et à ceux-ci on présentait le papier à signer, on leur demandait la signature de la trahison. L'immense majorité refusa. Alors on les conduisit entre des baïonnettes à la gare, dans des trains prêts pour leur embarquement. La population tout entière, les femmes, les enfants, les vieillards regardaient. Ils étaient entassés dans des wagons à bestiaux et on les entendait crier : « Nous ne signerons pas ! nous ne signerons pas ! » Par moment, pour mieux exprimer leur défi et leur révolte, ils chantaient la *Brabançonne*, ils chantaient la *Marseillaise*. Et, quand le train s'ébranla, il se passa quelque chose qui vraiment met la rage au cœur. Pour les faire taire, pour étouffer leurs cris, les Allemands firent venir une musique militaire, qui joua des pas redoublés. Mais, malgré tout, on entendait ces hommes chanter encore la *Marseillaise*. (*Émotion et acclamations.*)

Symbole admirable ! A l'heure actuelle, tous les peuples libres chantent la *Marseillaise ;* votre air national est devenu plus que jamais l'hymne de la liberté. Les musiques militaires allemandes essaient vainement d'étouffer cette clameur: elle retentira bientôt comme un chant triomphal : Liberté, liberté chérie, combats avec tes défenseurs !..... (*Vifs applaudissements.*)

Mais en attendant, Mesdames et Messieurs, les ouvriers belges nous adressent leur appel. Ils font appel à tous leurs amis, aux neutres et même à leurs ennemis. Nous disions il y a quelques semaines aux socialistes allemands : ceci n'est pas la guerre ; quelle que soit votre opinion sur les causes de la guerre, vous devez protester avec nous. Quelques-uns ont protesté : les socialistes de la minorité, auxquels j'adresse mon hommage. D'autres se sont joints à eux, mais du bout des lèvres, avec bientôt des rétractations, et à ceux-là s'appliquent ces mots cinglants des ouvriers belges : « Nous ne vous demandons pas des paroles de sympathie, nous vous demandons des actes ; le jour où vous aurez agi, nous aurons à vous remercier. »

Mes compatriotes se sont aussi adressés aux neutres, et les neutres ont répondu. Tous ont été émus de notre infortune, et nous leur en savons gré. Si leurs protestations ont été timides, nous n'oublions pas, nous ne pouvons pas oublier qu'ils vivent dans un état de terreur qui ne cessera qu'avec cette guerre même, qu'ils se demandent tous les jours s'ils ne vont pas subir le sort de la Serbie, de la Belgique.

Mais pour que, précisément, cet état de terreur vienne à cesser, nous comptons avant tout sur nous-mêmes, sur nos alliés, sur la coalition de tous les peuples libres : les monarchies centrales croyaient aisément écraser la Serbie ; elles avaient compté sans le peuple russe et sans ses alliés ; elles se flattaient, presque sans coup férir, de passer par la Belgique : elles ont vu se dresser contre elles la Grande-Bretagne avec toutes ses forces, l'Italie, pour qui cette guerre est à la fois une guerre de solidarité et une guerre de libération ; elles croyaient pouvoir, enfin, violer impunément les lois humaines les plus sacrées, et voici que demain, sans doute, les États-Unis vont se joindre à nous pour la défense du droit des gens, pour le respect des droits de l'homme, de ces droits élémentaires que la Révolution française a eu la gloire impérissable de proclamer !

Ces droits, vous en connaissez l'énumération : la liberté, la propriété, la sûreté, et aussi la résistance à l'oppression.

La liberté ! Il n'y a plus en Belgique de liberté que dans les marais de l'Yser et les tranchées de la West-Flandre.

La propriété ! Je vous ai montré notre malheureux pays

rançonné, pressuré, atteint dans les sources mêmes de sa richesse.

Il restait cependant à nos populations une propriété, la plus sacrée, la plus naturelle de toutes : l'*habeas corpus*, la propriété de leur corps, la propriété de leur force de travail. Elle n'est plus.

La sûreté ! Des traités solennels l'avaient garantie au peuple belge. Des engagements écrits, postérieurs à la guerre, lui promettaient, tout au moins, que jamais on ne l'arracherait à ses foyers, où ne le contraindrait au travail et, surtout, contre sa propre patrie.

Chiffons de papier, déchirés comme les autres !

Il y a peu de jours, à Gembloux, les Allemands ont pris un homme, père de sept enfants, dont la femme était morte la veille. Les autorités locales implorèrent un délai. En vain : on l'emmena, pendant que le cadavre était encore dans la chambre mortuaire et que les enfants pleuraient autour du chevet de leur mère.

Liberté, propriété, sûreté : ces droits sont refusés à ceux qui vivent sous la terreur allemande. Mais il leur en reste, il nous en reste un, le droit suprême, celui qui survit à tous les autres : le droit de résistance à l'oppression !

Or, après deux ans, nos maîtres provisoires ont appris à connaître que la Belgique n'y a pas renoncé, qu'elle n'y renoncera jamais...

Le manifeste des ouvriers se termine ainsi : « Quant à nous, même si la force réussit un moment à réduire nos corps en servitude, jamais nos âmes ne consentiront. Nous ajoutons ceci : Quelles que soient nos tortures, nous ne voulons la paix que dans l'indépendance de notre pays et le triomphe de la justice. »

C'est leur dernier mot.

Nous serions indignes d'eux, si ce n'était aussi le nôtre ! (*Acclamations.*)

1918.

Enfin, le 17 février 1918, la Société belge de Bienfaisance de Nancy donnait une dernière matinée artistique de guerre à l'Hôtel de ville avec conférence de M. Demblon, député de Liége.

En voici le compte rendu, d'après *l'Est Républicain* du 19 février 1918 :

La Société belge de Bienfaisance de Nancy avait organisé, dimanche, une matinée au profit des soldats belges prisonniers. M. C. Demblon, député de Liége, était annoncé comme conférencier et devait nous parler de l' « Invasion de la Belgique (la guerre à Liége), vue par un témoin ». Un double attrait de patriotisme et de sympathie s'attachait donc à cette manifestation.

Un déjeuner a précédé la conférence.

Le déjeuner.

Le repas, excellemment servi, au restaurant Thiers, qui s'est arrangé de son mieux — et il a réussi admirablement — pour faire oublier aux convives les inconvénients des restrictions alimentaires. Vatel n'eût pas mérité plus d'éloges.

Aux côtés de M. C. Demblon, M. le préfet ; M. le général Jullian, commandant la place ; M. Schertzer, représentant la municipalité ; M. le commandant Bruntz, président de la Ligue de l'Enseignement ; M. Sepulchre, consul de Belgique ; M. R. Steinheil, administrateur délégué de la librairie Berger-Levrault ; M. L. de Joannis, etc.

Puis c'étaient les dévoués organisateurs de la fête, MM. Docquier, l'actif et si sympathique président de la Société belge ; MM. J. Van Melle, Van Jeun, ses dignes secrétaires ; M. Rasson et les principaux membres de la Société, tous si connus et si estimés dans notre cité. Quelques soldats, arrivés la veille des tranchées de Belgique, vrai groupe fraternel uni par les communes souffrances et réconforté par les mêmes espoirs.

On était là sans formalités protocolaires. M. Docquier a trouvé, au dessert, le toast que réclamait l'actualité.

« Dans Nancy bombardée, a-t-il dit, l'heure n'est pas aux discours. Je me contenterai donc de remercier M. le député Demblon — qui fut à Liége en 1914 ; — les poilus belges, qu'une passagère permission nous permet de fêter ; M. le préfet Mirman, véritable préfet de la frontière ; M. le général Jullian, un soldat de Charleroi ; MM. Scheritzer, Steinheil, le commandant Bruntz, etc. Merci à tous, de tout cœur

« Nous espérons que notre prochaine réunion aura lieu après la victoire. Et maintenant, je vous convie à nous accompagner à l'Hôtel de Ville. Vive la France ! Vive la Belgique ! »

Ce toast dit simplement, avec un accent communicatif, a été, est-il besoin de le dire, couvert d'applaudissements.

M. le préfet a répondu. Au nom des populations lorraines, il s'est fait l'écho de notre très cordiale et très affectueuse sympathie.

« Comme vous, s'est écrié M. Mirman, nous avons été assassinés par les Boches qui déshonorent l'humanité. Vos souffrances sont les nôtres. Aussi, toutes les fois qu'un Belge vient chez nous, est-il sûr de trouver un accueil fraternel.

« Je bois à la Belgique tout entière, à la Belgique conservatrice, à la Belgique socialiste, à son roi, à son peuple. Vive la Belgique ! Vive la France ! »

M. Demblon, dont la tête vénérable fait songer à nos vieux lutteurs de 48, véritable apôtre de la bonté et de la fraternité, est extrêmement ému. Il a, sans doute, devant les yeux, le contraste de cette assemblée amicale avec les horreurs de Liége et de Loouvain.

« Merci, dit-il simplement, de vos paroles si touchantes, surtout pour les exilés que nous sommes. Mais, si vous avez souffert, si vous souffrez encore, nous avons souffert aussi. La Belgique n'a fait que son devoir. Elle a fait tout ce qu'elle a pu. Sachons nous en souvenir. Merci pour vos sentiments de cordialité et pour votre accueil fraternel. Nous sommes vos obligés. Merci... »

Et c'est le cœur profondément touché que l'on se dirige vers l'Hôtel de Ville, où va, tout à l'heure, avoir lieu la conférence.

La Conférence.

L'auditoire, bien que nombreux, ne l'était pas encore assez. Les pénibles circonstances du moment, et aussi la coïncidence imprévue d'une matinée à la salle Poirel, en sont les causes regrettables.

M. le Préfet, en ces termes vibrants dont il a le secret, présente le conférencier.

« Il n'est pas une famille lorraine, dit-il, qui ne considère son foyer comme appartenant à une famille belge. Nous sommes unis dans le sacrifice... »

Il salue ensuite le professeur éminent des universités de Bruxelles et de Rennes, et fait ressortir le service inoubliable rendu par la Belgique à la France, lors de la grande ruée allemande de 1914.

« Merci et gloire à vous ! s'écrie-t-il. Vive la Belgique ! Vive la France ! »

M. le député Demblon se lève, et, d'une voix qui n'arrive pas à cacher son émotion, il dit :

« Nous n'avons fait que ce que nous devions ; si nous avions fait le contraire, nous serions déshonorés. Dans votre Lorraine, nos souvenirs sont en quelque sorte doubles, car la France et la Belgique n'ont-elles pas autrefois formé la Gaule, et n'ont-elles pas été réunies sous le nom de Lotharingie ?

« Au reste, ne dit-on pas que tout homme a deux patries, la sienne et puis la France ? Nous pouvons ajouter, nous, que jamais un pays, autant que la Belgique, n'a aimé la France. »

Le conférencier fait ici un tableau coloré de la plantureuse Belgique, véritable jardin de l'Europe occidentale. Il rappelle son rôle héroïque à travers les âges, il dit :

« Les Allemands avaient tout prévu, tout calculé, sauf de pouvoir passer sur nous. La Belgique allait, pour la quatrième fois, elle qui n'a pas de frontières naturelles, faire un rempart de son corps pour que les Barbares ne touchent pas à la France. »

Au premier jour de l'invasion, qui eut lieu sans déclaration préalable de guerre, M. Demblon s'empressa de rentrer à Liége, dont il est le représentant depuis un quart de siècle. Il a vu les batailles terribles, où la petite mais indomptable armée belge mit hors de combat le double au moins de ses propres effectifs. Et il évoque les souffrances de Liége, les écroulements sous la canonnade, les rues entières incendiées, les familles suffoquées dans les caves, les fusillades...

« Mais toutes ces horreurs, s'écrie-t-il, ne sont rien à côté de celles qui ont ensanglanté les environs.

« Ivres d'habitude, les Allemands prétendaient que les civils avaient tiré sur eux. Et les représailles étaient terribles. J'ai vu le sang couler dans les rigoles de la place du Marché !... »

C'est alors la longue énumération des villages martyrs. Les hommes sont assassinés sous les yeux de leurs femmes, les enfants sous les yeux de leurs mères. Un enfant de huit mois est transpercé d'un coup de baïonnette. Il survit quinze jours.

Un médecin belge lui donne ses soins. Un jour, il le présente aux brutes d'Outre-Rhin, et leur crie : « Et celui-ci ? Est-ce encore un franc-tireur ?

« C'est là, ajoute-t-il, un tableau fidèle, et nullement exagéré.

« Entre Louvain et Tirlemont, sur un parcours de plus de 5 lieues et demie, des maisons qui se touchaient, plus de la moitié sont complètement détruites. Jugez du désastre. »

Le tableau de Louvain, que le conférencier a vu six jours après sa destruction, est lugubre. Ce n'est plus que le spectre effiloché d'une grande cité. Plus un être vivant dans cette solitude. La nuit, une lune énorme et blafarde semblait être un témoin surnaturel !

M. Demblon flétrit vigoureusement les neutres qui, insensibles à toutes ces horreurs, restaient néanmoins des neutres pareils à des « chiens couchants » et faisaient du commerce.

« Je ne le leur envoie pas dire ! » s'écrie-t-il, indigné...

« Mais, demain, leur punition sera que, n'ayant pas été à la peine, ils ne seront pas à l'honneur... »

Et il conclut par de patriotiques envolées.

« *Alea, jacta est !* Ce n'est pas nous qui avons, les premiers, tiré l'épée ! Ce n'est pas nous qui avons, les premiers, jeté l'épée de Brennus dans la balance. Mais nous acceptons le défi. Nous le relevons, nous irons jusqu'au bout.

« Nous autres, les Belges, nous avons fait ce que nous avons pu. Nous faisons ce que nous pouvons, aux côtés de la France immortelle, aux côtés de l'Angleterre invincible. L'Italie aussi est debout, l'Italie à l'histoire magique. La Grèce s'est ressaisie. La voici redevenue comme aux jours de Marathon et de Salamine ; le Portugal est là, avec son passé somptueux. Voici la Roumanie et la Serbie martyres. Quant à la Russie... Pouvons-nous espérer encore qu'elle se ressaisira ?...

« Enfin, les États-Unis d'Amérique, aux jeunes mais fières annales, nous apportent leur bannière étoilée.

« Tout l'univers est dressé désormais contre les puissances du mal.

« Le châtiment s'avance. *Alea jacta est.* Vous l'avez voulu : griffes contre griffes, et déjà l'on voit poindre l'aurore de la paix, qui imposera aux nations, la loi sainte et délicieuse du travail régénéré. »

Lorsque les longs applaudissements d'une assistance enthousiaste se sont calmés, M. le préfet remercie comme il convient l'éminent conférencier, puis se déroule le programme, trop court au gré de tous, d'un charmant concert, où les plus délicats ne peuvent ménager leurs bravos à un quatuor exceptionnel d'artistes : Mlle V. de Ravenel, violoniste remarquable ; M. F. Anton, un virtuose du violoncelle ; Mlle J. Poulain, harpiste, et M. Jamar, violoniste, les professeurs bien connus de notre Conservatoire.

La fête belge de dimanche, comme on le voit, fut une belle, une réconfortante, une inoubliable journée.

*
* **

Nous joignons à ce compte rendu les pièces de vers suivantes qui ornaient le Programme de la Matinée et qui sont dues au poète Lucien Linais, du 113e de ligne :

AU ROI

Je ne veux plus savoir si tu fus gueux ou roi,
Si tu fus humble esclave ou si le diadème
A ceint ton noble front, puisque tu fus, du Droit
Le vaillant défenseur que j'admire et que j'aime.

En mourant, le Passé laisse régner l'oubli,
Mais le socle de marbre appartient à la Gloire,
Et ton geste héroïque, en déchirant la nuit
De l'horreur, a gravé ton beau nom dans l'Histoire.

Défendre au prix du sang toute une liberté,
Défendre un Univers contre la barbarie
Quand on est tout petit, est un peu de beauté
Que toujours, mais en vain, le noir Géant l'envie.

Or, le sage Destin a fleuri ton chemin ;
Pour te bercer, la Vie a pris le chant de l'Onde,
D'un peuple de héros tu naquis souverain,
Mais moi, poète errant, je te fais Roi du Monde.

A LA REINE

S'il me fallait subir le Calvaire et la Croix
Et payer de ma vie, au prix de ce supplice,
Le refus de courber mon front devant les rois,
Majesté, je suis prêt à ce fier sacrifice.

Le Soleil a seul droit de souveraineté,
Lui seul a droit qu'on porte et qu'on baise sa traîne,
Mais moi, le gueux farouche, ivre d'humanité,
Je viens m'agenouiller devant ton âme, ô Reine.

Je sais que ta bonté fit taire la Douleur,
Tant il est vrai que tout ici-bas s'équilibre,
Et que, bravant l'orgueil du lâche envahisseur,
Tu pris à ton actif le mal d'un peuple libre.

Soulageant le Martyr et le Déshérité,
Consolant ce qui pleure, et qui souffre, et qui saigne,
Dépensant tout ton cœur, si lourd de charité,
Tu fis, sur tout un monde, étinceler ton règne.

AU PEUPLE

Les hommes sont, hélas ! de ces êtres étranges
Qui toujours m'ont fait peur, et leur complexité
M'a fait les adorer, comme on chérit les anges,
Et les craindre, parfois, plus que l'adversité.

Eux seuls m'ont enseigné cette douleur de vivre
Qui fait pleurer mon âme et fait trembler mon cœur,
Mais j'ai pu lire aussi cet admirable livre
Qu'ils ont couvert de sang, de larmes et d'honneur.

Ce sont les plus petits que pourtant mon cœur aime,
Parce que ce sont eux qui, sur les durs chemins,
Sont restés les plus purs, et c'est sous leur emblème
Que j'ai vu le meilleur des grands troupeaux humains.

A l'heure où l'âpre instinct de la bête sauvage
Dévaste notre ciel d'amour et de bonté,
C'est à toi, peuple nain, mais géant de courage,
Que nous devons de vivre encore en liberté.

Chapeau bas ! qu'avec moi les peuples te saluent,
Que ton noble idéal éclaire l'horizon,
Que ta gloire éternelle illumine les nues,
O grand libérateur de l'humaine Raison !

NOS ŒUVRES

On a vu plus haut, comment, dès le début de la guerre, notre Société s'était donnée, de tout cœur, aux œuvres qui sollicitaient son dévouement.

A la suite des matinées et conférences organisées à Nancy, nos recettes s'élevèrent rapidement et nous pûmes, après accord avec le Comité central du Havre, adopter des camps de prisonniers et faire des envois à nos soldats des camps d'Auvours, etc.

Prisonniers.

Il fut décidé d'envoyer un colis mensuel à chaque prisonnier belge nécessiteux des camps de Salzwêdel, Torgau et Guterloh.

Voici le contenu d'un colis au mois de juin 1918 : « Veau, jambon, saucisse, harengs, haricots, confiture, épinards, lait, savon, chocolat, chaussettes, cache-nez, le tout d'une valeur de 21^{f}20. »

En même temps que son colis, chacun de nos prisonniers adoptés recevait une carte d'envoi d'après ce modèle :

CARTE DE PRISONNIERS DE GUERRE

Récépissé du Colis n°

Expédié le

Tout prisonnier qui ne renverra pas la présente, ne recevra plus de colis à l'avenir.

Société Belge de Bienfaisance

NANCY

FRANCE

SOCIÉTÉ BELGE DE BIENFAISANCE — NANCY (FRANCE)

Œuvre des Prisonniers de Guerre

Monsieur

ARMÉE BELGE

Régiment , *B*^{on} , *C*^{ie}

Camp de

ALLEMAGNE

Vià Pontarlier

Je soussigné,

originaire de

domicile avant la guerre

régiment, Cie, B^{on},

profession

prisonnier à

reconnais avoir reçu, en bon état, le

de la part de la

SOCIÉTÉ BELGE DE BIENFAISANCE
DE NANCY

un colis contenant :

Signature lisible :

Nancy, le

Cher Compatriote,

Nous vous informons que nous avons expédié

le   *un colis à votre nom*

et vous prions de nous en accuser réception.

LE SECRÉTAIRE,
VAN JEUN

LE PRÉSIDENT,
I. DOCQUIER

Nous avons reçu, à ce sujet, des lettres fort touchantes et de gratitude émue.

On nous permettra de citer seulement les suivantes :

Lettre de M. le Ministre de la Justice de Belgique :

Sainte-Adresse (Le Havre), le 6 juillet 1915.

Monsieur le Président,

J'ai été fort touché de voir qu'à l'heure même où le Gouvernement se préoccupait particulièrement de veiller, avec l'aide d'un comité permanent, au sort des prisonniers belges en Allemagne, la Société de Bienfaisance de Nancy, guidée par la même pensée, consacrait une partie de son activité au soulagement de ces prisonniers. Je vous remercie d'avoir marqué une fois de plus la communauté de sentiments et l'unanimité d'aspirations de tous les Belges résidant à l'étranger.

Je sais que depuis plusieurs années vous vous préoccupez à la fois de réunir en un groupement nécessaire les Belges résidant en Lorraine, et de secourir ceux d'entre eux qui sont dans le besoin. D'autres organismes, pareils à celui que vous présidez, ont vu pendant la guerre leur activité s'élargir par l'arrivée de réfugiés pauvres. N'ayant pas l'occasion de le faire, vous avez voulu pour servir votre pays et agrandir, vous aussi, votre mission de bienfaisance, organiser des fêtes et des conférences qui, outre leur but charitable, avaient celui de faire mieux connaître et aimer la Belgique.

Vous y avez réussi en invitant à votre tribune M. le représentant Mélot et M. Pierre Nothomb. Ils ont pu me dire l'un et l'autre le bien que vos amis et vous-même avez réalisé là bas.

Votre lettre me le fait connaître une fois de plus et je suis heureux, à l'occasion de votre beau geste envers nos soldats captifs, de vous envoyer ainsi qu'à tous les membres de votre société, mes remerciements et mes félicitations.

Agréez, Monsieur le Président, l'assurance de mes sentiments dévoués.

CARTON DE WIART.

Lettre de M. Pierre Nothomb, secrétaire de l'Œuvre d'assistance aux prisonniers belges en Allemagne.

Le Havre, 4 octobre 1915.

Cher Monsieur,

Je tiens à vous remercier au nom du Comité — et M. le président Cooreman me charge d'y ajouter son remerciement personnel — de l'envoi de tabac que vous avez bien voulu, par l'intermédiaire du R. P. Barret, faire parvenir ici à l'intention des prisonniers nécessiteux. Je connais depuis longtemps votre activité généreuse et votre dévouement pour les œuvres belges et en particulier pour nos soldats et je suis bien touché de voir que le malheur qui vous a frappé n'a pu ralentir votre attention, si active à chercher les misères de nos héros pour les soulager.

Les brochures et imprimés divers que vous avez joints à votre envoi seront envoyés, non en Allemagne, mais au front même où nos soldats apprennent tous les jours un peu plus l'admirative sympathie dont le monde entier les entoure — chaque témoignage d'amitié leur allant vraiment au cœur.

Veuillez, cher Monsieur Docquier, croire à mes sentiments bien dévoués.

Pierre NOTHOMB,
Secrétaire du Comité central des prisonniers.

Lettre de prisonniers belges du camp de Torgau :

Torgau, 27 décembre 1916.

Monsieur le Président,

Nous nous faisons un devoir, à l'occasion du nouvel an, de vous adresser nos bons et sincères souhaits de bonheur et de santé. Vous êtes un peu comme nous : exilés — Mais à votre avantage, exilés chez des amis. Soyez-y heureux. Conservez cette santé dont nous avons tant besoin pour rentrer dans notre cher pays. Et surtout, espérez : c'est l'espoir qui soutient. Nous voulons aussi vous remercier de ces secours que vous nous avez envoyés jusqu'à présent. Il est très agréable, Monsieur le Président, d'être soulagés par des amis qui pensent à nous.

Nous avons lu, dans un numéro de ce mois du journal *La Belgique,* que le Gouvernement belge se proposait d'envoyer deux fois par mois, aux prisonniers nécessiteux un colis de soulagement (à l'exception toutefois des prisonniers de Soltau qui seraient secourus spécialement par les Comités belges fonctionnant en Belgique, en Suisse et en Hollande). Hélas ! nous sommes de ces nécessiteux. Si nous ne nous sommes pas adressés aux Comités, qui bien aimablement nous offraient leur aide, c'est qu'alors notre situation nous permettait de laisser ces avantages à nos camarades plus malheureux. Nous pouvons les accepter maintenant et vous prions de nous inscrire, si telle est la décision du Gouvernement.

Nous vous serions très obligés de nous renseigner et vous présentons, Monsieur le Président, l'assurance de nos sentiments reconnaissants et respectueux.

Albert COUDRON.
13ᵉ de ligne.

CAERATS Nicolas.
génie aérostiers.

PUFFET Raymond
1ᵉʳ régiment de lanciers.

Les envois aux prisonniers étaient effectués par les soins empressés et délicats des femmes des membres de la Société. Les provisions étaient achetées directement par Mᵐᵉˢ Docquier et Moulron, et les colis confectionnés par Mᵐᵉˢ Moulron, Thouyaret et Mˡˡᵉˢ Yvonne Moulron, Jeanne et Berthe Docquier. Nous remercions particulièrement Mᵐᵉ Moulron, pour le zèle et le dévouement inlassables qu'elle n'a cessé d'apporter à cette belle œuvre de solidarité nationale.

ŒUVRES D'ASSISTANCE

A côté de l'œuvre si intéressante et si nécessaire de nos chers prisonniers belges, notre Société s'est occupée de beaucoup d'autres œuvres de guerre, ayant trait, toutes, aux nombreuses infortunes nationales, nées de la cruelle situation de nos compatriotes.

C'est ainsi que nous avons envoyé de nombreux objets à nos soldats des camps d'Auvours, du Ruchard et d'Avord.

Les lettres qui suivent diront — mieux que tout le reste — ce que nous avons fait pour nos œuvres d'assistance durant la guerre, de 1914 à 1918.

Camp d'Auvours, 27 mars 1915.

Monsieur le Président,

J'ai l'honneur de vous accuser réception de votre envoi d'objets de linge destinés à nos soldats, les trois caisses me sont parvenues aujourd'hui.

Votre lettre, datée du 19 courant, annonçant ledit envoi, m'a été remise hier au moment où le lieutenant général Guiette, auquel je succède dans le commandement des troupes du camp d'Auvours, quittait la région.

Ainsi que vous en manifestez le désir dans votre lettre, les objets en question seront distribués aux plus nécessiteux.

Je vous prie, Monsieur le Président, de vouloir bien agréer mes remerciements pour votre généreux envoi et l'expression de mes meilleurs sentiments.

Le Lieutenant-général
commandant les camps d'Auvours,
du Ruchard et d'Avord,

SURECHE.

Saint-Pierrebrouck, 20 juillet 1916.

Monsieur le Président,

Vous voulez bien m'offrir de pourvoir aux frais de séjour de quelques soldats nécessiteux, méritants, qui seraient désireux de passer quelques jours de congé à Nancy.

Je vous remercie beaucoup des sentiments patriotiques et généreux que vous manifestez en faveur de notre armée. Malheureusement, Nancy se trouvant dans la partie réservée de la zone des armées, il n'est pas possible, à mon grand regret, de réserver une suite favorable à votre demande.

Agréez, Monsieur le Président, l'assurance de ma considération distinguée.

Le Ministre de la Guerre,
BROQUEVILLE.

Paris, 11 décembre 1915.

Monsieur le Président,

Nous vous accusons réception de votre honorée lettre du 9 courant, et nous apprenons avec satisfaction que vous êtes d'accord avec M. le Préfet de Meurthe-et-Moselle pour entreprendre une active propagande dans votre département au profit de notre tombola. Le tirage de cette tombola doit avoir lieu à Bruxelles. La date n'en est pas encore fixée, et il est même question de ne pas procéder à cette opération avant la rentrée du roi des Belges et des Alliés dans la capitale de Belgique.

Nous sommes heureux de pouvoir vous annoncer que dans les départements où des comités se sont constitués sous la présidence de M. le Préfet, le placement des billets se fait avec beaucoup de facilité. Certain département nous a réclamé déjà 7.000 billets, d'autres de 2.000 à 5.000, mais la propagande ne fait que commencer.

Nous vous réitérons nos remerciements pour votre bienveillant concours, et nous vous prions d'être notre interprète auprès de M. le Préfet pour lui présenter l'expression de notre vive gratitude.

Veuillez croire, Monsieur le Président, à nos sentiments bien distingués et dévoués.

Le Secrétaire général
de l'Alliance Franco-Belge,

RAMOISY.

** **

Paris, 24 février 1916.

Mon cher Président,

Nous accusons réception de votre aimable lettre en date du 21 de ce mois, et nous nous empressons de vous adresser, sous pli recommandé, les 300 billets nouveaux que vous voulez bien nous réclamer. Ces billets sont numérotés de 52.701 à 53.000.

Nous vous félicitons bien sincèrement pour le succès que vous obtenez, et nous vous prions d'être notre interprète auprès de M. Tasté et des autres personnes dont vous avez obtenu le concours pour leur présenter les remerciements de l'Alliance Franco-Belge.

Nous venons d'apprendre que le tirage de la tombola aura lieu au plus tard le 1er mai. Il sera donc utile que nous soyons fixé pour le 15 ou 20 avril sur le nombre de billets qui auront été placés par votre intermédiaire.

Les envois de fonds peuvent nous être faits par l'intermédiaire de l'agence de la Banque de France à Nancy, pour être versés au crédit de notre compte de la Banque de France à Paris. Le compte de l'Alliance Franco-Belge porte le n° 7.920.

Veuillez agréer, mon cher Président, l'assurance de nos sentiments bien dévoués.

Le Secrétaire général
de l'Alliance Franco-Belge,

RAMOISY.

** **

Paris, 6 mars 1917.

Mon cher Président,

J'ai reçu votre aimable lettre du 4 courant, ainsi que tous les journaux qui rendent compte de la brillante manifestation que vous avez organisée le 25 février écoulé. Toutes mes meilleures félicitations.

Je vous félicite aussi d'avoir songé aux œuvres de M. le ministre Vandervelde que je rencontrerai un de ces jours prochains, et à qui je ne manquerai pas de communiquer vos remerciements. Je lui dirai également ce que vous avez fait pour les pochettes.

Je vous renouvelle, mon cher Président, pour vous et les charmants compatriotes que j'ai eu le plaisir de rencontrer à Nancy, toute l'assurance de mes meilleurs sentiments.

Le Secrétaire général
de l'Alliance Franco-Belge,
Ramoisy

P.-S. — A l'occasion, voulez-vous faire un effort pour assurer la vente des derniers billets de notre tombola.

***

Paris, 15 avril 1918.

Mon cher Président,

Nous accusons réception de votre aimable lettre en date du 12 de ce mois, par laquelle vous voulez bien nous faire connaître que vous venez d'effectuer un versement de quinze cents francs au crédit de notre compte à la Banque de France.

Nous vous avons écrit, il y a deux jours, pour vous annoncer que le tirage de la tombola ne se fera pas le 1ᵉʳ mai, et que vous disposez d'un nouveau délai pour le placement des billets qui sont encore entre vos mains.

Avant la fin de ce mois, nous pourrons mettre à votre

disposition le diplôme revenant à nos souscripteurs. Ceux qui auront des préférences pour la breloque devront patienter encore un peu.

Nous saisissons cette occasion pour vous renouveler, Monsieur le Président, l'assurance de nos sentiments bien fidèlement dévoués.

Le Secrétaire général,
de l'Alliance Franco-Belge,
RAMOISY.

*
* *

Paris, 29 mai 1915.

Monsieur Docquier,
Président de la Société belge de Nancy.

Monsieur,

Je tiens, au nom de l'Œuvre « Pour les enfants du Soldat belge restés en Belgique », à vous remercier chaleureusement pour le concours que vous avez bien voulu nous prêter dans la vente des médailles dont le produit est affecté à soulager les malheureuses femmes et les pauvres enfants des soldats belges.

Grâce à la recommandation de notre jeune amie, Mlle Lucette Mirman, vous nous avez donné votre concours, votre activité et votre générosité.

Encore une fois merci au nom de tous nos pauvres malheureux, et j'espère que vous pourrez continuer à nous prêter encore votre concours et augmenter ainsi vos bienfaits.

L'argent qui résulte de nos ventes est déjà envoyé à Anvers et à Bruxelles et distribué aux infortunés que nous soulageons.

Veuillez agréer, Monsieur le Président, l'assurance de ma considération la plus distinguée.

Albert DREYFUS.

*
* *

Paris, 27 juin 1916.

Monsieur Docquier,
Président de la Société belge de Bienfaisance, à Nancy.

Nous avons bien reçu votre honorée du 17 courant contenant un mandat de *94 francs*, et vous en remercions.

Nous vous avons expédié ce jour cent carnets dont quatre-vingts Cavell et vingt Ypres, la série Cavell nous manquant pour le moment.

Nous vous en souhaitons bonne réception et vous prions d'agréer nos sincères salutations.

Le Trésorier,
Jean MEYER.

* *

Paris, 7 octobre 1915.

Monsieur Docquier,
Président du Comité belge, Nancy.

Monsieur le Président,

La présente est pour vous remercier, en notre nom et au nom de tous nos protégés, du puissant concours que vous avez bien voulu prêter à notre délégué, pour obtenir l'autorisation de vendre dans votre ville.

Nous nous faisons un devoir, Monsieur le Président, de vous adresser avec la présente, la publication officielle de notre gestion, ainsi que de nos règlements. Depuis la date de cette publication, nos efforts ont presque doublé les résultats obtenus.

Ceci, Monsieur le Président, nous dispense de tout autre commentaire, et vous mettra, nous l'espérons, à votre aise pour les services que vous pourrez nous rendre.

Nous serions très heureux de remettre au profit de votre

Comité un pourcentage sur le chiffre de nos ventes, et ceci à partir de fin courant.

Pour tout renseignement complémentaire et pour toute chose où nous pourrons vous être utile, nous serions très heureux, Monsieur le Président, de recevoir toutes vos communications.

En telle attente,

Veuillez croire à notre haute considération.

Le Directeur,

M. PELLICCIONI.

***

7 septembre 1916.

Monsieur Docquier,

En vous remerciant bien vivement pour l'offre généreuse de recueillir quelques soldats du 1er carabiniers durant leur permission à Nancy, j'ai l'honneur de vous faire savoir qu'actuellement les congés sont suspendus, ce qui ne permettra pas, pour le moment, aux militaires sous mes ordres de bénéficier de votre gracieuse invitation.

Je tiens cependant bonne note de votre lettre et si j'ai l'occasion de vous envoyer quelques militaires, je me ferai un plaisir de vous en avertir.

Veuillez agréer, en même temps que l'expression de ma reconnaissance, mes salutations distinguées.

Le Colonel commandant
le 1er régiment de carabiniers,

P. LAHÈRE.

***

Sainte-Adresse, 5 juillet.

Cher Monsieur,

J'ai reçu votre aimable lettre après votre envoi de l'autre jour, je me suis fait un devoir et un plaisir de remettre à nos soldats blessés le tabac que vos fils m'ont si généreusement envoyé à leur intention. Remerciez-les, je vous prie, de ma part et de leur part. Pas plus que leur père, ils n'oublient ce qu'ils doivent à nos braves.

Mme Nothomb a été vivement touchée de l'aimable envoi de Mme Docquier. Veuillez transmettre à celle-ci ses remerciements pour cette charmante et délicate attention qui lui a été au cœur.

Recevez, je vous prie, mon cher Président, l'expression de mes sentiments bien dévoués.

Pierre Nothomb.

M. Carton de Wiart n'est revenu d'Angleterre que ces tout derniers jours, je lui ai remis votre lettre.

**

Le Havre, 25 mars 1915.

Monsieur Docquier,

Nous venons de recevoir ce jour, l'envoi annoncé par votre lettre du 17 mars courant et, au nom de nos compatriotes, nous vous adressons notre plus cordial merci, ainsi qu'à vos généreuses et habiles demoiselles.

Nous avons transmis ces objets en laine au dépôt des convalescents belges à Sainte-Adresse (Le Havre) et ils y ont été reçus avec le plus grand enthousiasme.

Notre journal de ce jour relatera le fait et nous nous empresserons de vous en faire parvenir un exemplaire.

Veuillez agréer, Monsieur Docquier, avec nos remerciements réitérés, l'expression de notre considération très distinguée.

L'Administrateur,
Pierre NOTHOMB.

Le Havre, 24 avril 1915.

Monsieur Docquier,

Nous avons l'honneur de vous accuser réception ce jour de votre second envoi généreux, contenant des boîtes de tabac à l'intention de nos « braves » de l'hôpital de Sainte-Adresse (Le Havre).

Nous nous sommes empressés de leur transmettre immédiatement le paquet.

Veuillez agréer, Monsieur Docquier, avec nos vifs remerciements, l'expression de nos sentiments distingués.

L'Administrateur,
Pierre NOTHOMB.

Le Havre, 15 juin 1915.

Monsieur Docquier,

Ainsi que notre numéro de ce jour l'annonce, nous avons bien reçu votre généreux envoi; il a été immédiatement transmis à l'hôpital belge de Sainte-Adresse.

Nous vous remercions au nom de nos braves compatriotes, et vous prions d'agréer, Monsieur Docquier, l'expression de nos sentiments très distingués.

L'Administrateur,
Pierre NOTHOMB.

LES REMERCIEMENTS OFFICIELS

Au fur et à mesure de nos travaux et opérations de bienfaisance à Nancy, nous en rendions compte, par lettres, aux divers ministères belges installés au Havre.

Le 15 novembre 1916, au lendemain de la fête du roi Albert, à qui nous avions adressé l'hommage de nos vœux, nous recevions le télégramme suivant :

Officiel. La Panne, 15 novembre, 17 heures.

Président Docquier, Société belge, à Nancy.

Le Roi vous remercie ainsi que les membres de votre Société, des vœux que vous lui avez adressés.

Général BIEBUYCK.

.•.

25 novembre 1914.

Monsieur le Président,

Le Roi a lu votre télégramme et s'est montré très touché des vœux qui y sont exprimés en termes si aimables.

Me conformant aux ordres de Sa Majesté, j'ai l'honneur de vous remercier vivement, en son nom, et de vous prier d'être son interprète auprès de tous ceux qui ont bien voulu s'associer à votre démarche.

Recevez, Monsieur le Président, l'assurance de ma considération distinguée.

Le Secrétaire,

J. INGENBLECK.

.•.

Le Havre, 19 octobre.

Monsieur le Président,

J'ai bien reçu votre lettre du 12 octobre courant par laquelle vous me soumettez le compte rendu de la Société belge de Bienfaisance de Nancy.

Je vous remercie de m'avoir fait cette très intéressante communication et j'adresse mes félicitations à la Société belge de Bienfaisance de Nancy pour l'œuvre qu'elle a accomplie.

Veuillez agréer, Monsieur le Président, l'assurance de ma considération très distinguée.

Le Ministre,

G. HELLEPUTTE.

.˙.

Sainte-Adresse, 16 octobre 1916.

Monsieur le Président,

J'ai l'honneur de vous accuser réception du compte rendu que vous avez bien voulu m'envoyer et qui témoigne de l'activité de la Société de Bienfaisance de Nancy depuis le début de la guerre.

Veuillez agréer, Monsieur le Président, avec mes remerciements, l'assurance de mes sentiments dévoués.

CARTON DE WIART.

.˙.

10 mars 1918.

Cher Monsieur Docquier,

J'ai remis à M. le ministre de l'Intérieur le rapport que vous m'avez envoyé. Il a été joint aussitôt aux documents déjà réunis pour la commission du *Livre d'or*.

Vous savez toute mon admiration pour votre œuvre, je n'ai pas besoin de vous la redire.

Veuillez, cher Monsieur, me croire votre tout dévoué

Pierre Nothomb.

APPENDICES

———

I

Nous croyons devoir publier le bilan de nos dépenses, du 4 août 1914 au 1er juillet 1916.

RECETTES

Dons, cotisations et recettes diverses . .   41.949' 5o

DÉPENSES

Remise de fonds aux rapatriés . . . . . .   571 ' »
Pain 10.844 3o
Soupes et secours divers. 5.826 15
Lait 285 75

Secours aux soldats.

Chemises, chaussettes, tabac et divers. .   5.359 45
Secours aux prisonniers. 11.212 o5
Marchandises en magasin et frais géné-
  raux 4.323 35
En caisse 3.527 45
                     TOTAL. . . . .   41.949' 5o

.˙.

Voici une lettre récente, adressée à la Société par *La Nation Belge*, le grand quotidien de Paris :

Paris, 9 janvier 1919.

Monsieur le Président,

Le chèque que vous m'avez adressé au nom de la Société belge de Bienfaisance, à l'intention de l'œuvre de la Santé à l'Enfance belge, vient de me parvenir. Je m'empresse de le transmettre au comité de l'œuvre à Londres et je vous remercie, comme Belge, de ce don généreux dont bénéficieront nos petits compatriotes. Je me ferai un devoir de signaler dans *La Nation Belge* ce nouvel acte de patriotisme de la Société belge de Bienfaisance et je vous prie d'agréer pour son Président et pour ses membres l'hommage de mes meilleurs vœux et l'expression de mes sentiments dévoués.

Veuillez agréer, Monsieur le Président, l'assurance de ma profonde considération.

E. Devoghel,
Secr. Réd.

***

Londres, 17 janvier 1919.

Monsieur le Président,

J'ai l'honneur de vous accuser réception de la somme *Frs. 1.130* qui m'a été remise par l'intermédiaire de *La Nation Belge* de Paris, de la part de la Société belge de Bienfaisance de Nancy, au profit de l'Œuvre de la Santé à l'Enfance belge. Veuillez, je vous prie, trouver inclus quittance officielle pour £ 43. 6. 6, contre-valeur de ce montant.

Je vous remercie très sincèrement pour ce don magnifique et veuillez vous faire mon interprète auprès de tous vos membres pour leur exprimer ma gratitude et celle des malheureux petits enfants pour le généreux appui qu'ils leur accordent.

Agréez, Monsieur le Président, l'assurance de ma considération distinguée.

John BLONDEAU.

II

La Société belge de Bienfaisance de Nancy s'est, en outre, occupée des œuvres suivantes :

1° Les Enfants des soldats belges restés en Belgique ;

2° Les Asiles des soldats invalides belges ;

3° L'Alliance franco-belge.

Le Président a fait partie des comités institués à Nancy pour les grandes journées patriotiques : du 75, des Orphelins de la guerre, du 20ᵉ Corps, du Poilu, etc., et présida la Journée du Petit Drapeau belge.

III

Enfin, nous croyons, en terminant ce long exposé de nos différentes œuvres de guerre, devoir publier cet intéressant appel qui fera plaisir à tous les Belges :

Le Havre, 5 novembre 1915.

Monsieur le Président,

J'ai l'honneur de vous faire savoir que je publierai prochainement le premier volume du *Livre d'or du Peuple belge*.

Ce recueil comprendra, pour la période août 1914-mai 1915, le nom de tous les Belges qui, pour faits de guerre, ont obtenu une décoration ou une citation à l'ordre du jour de l'Armée, avec les motifs qui ont donné lieu à l'octroi de ces distinctions.

Ces motifs, dans leur simplicité et leur concision, montreront que le peuple belge a donné son sang avec une abnégation sans égale, a dépensé son héroïsme sans compter.

Mieux que n'importe quel récit, le Livre d'or dira la vaillance dont firent preuve nos soldats sur le champ de bataille. Chaque page de ce recueil sera une page d'histoire sanglante de notre petite patrie ; chaque ligne, chaque mot, donnera la vision succincte de notre dramatique épopée.

C'est donc un livre que voudront posséder tous les Belges et les admirateurs de la Belgique.

Aussi, sachant tout l'intérêt que vous portez à nos compatriotes, je prends la respectueuse liberté de vous demander si vous ne connaissez pas de souscripteurs à cet ouvrage dont le prix du volume est fixé à 4 francs.

Espérant que vous voudrez bien réserver un accueil favorable à ma demande, je vous présente, Monsieur le Président, avec tous mes remerciements, l'expression de ma haute considération.

Lieutenant RADELET,
Secrétaire d'État-major
du Ministère de la Guerre belge
(Sainte-Adresse).

ÉPILOGUE

L'œuvre de la Société belge de Bienfaisance de Nancy n'est pas finie. Elle se continuera après la guerre, en présence des multiples besoins urgents de nos chers compatriotes, comme elle s'est déjà continuée depuis l'armistice, par un appoint de tous les jours à nos infortunés rapatriés, civils ou prisonniers militaires, absolument privés de tout.

Enfin, la Société décida de faire célébrer une messe d'actions de grâces et un solennel *Te Deum* de la délivrance, dans la basilique du Sacré-Cœur de Nancy, où nos amis et nos frères s'étaient déjà réunis en 1914 pour des supplications et des vœux ardents lors du terrible martyre de la Belgique envahie et foulée aux pieds par les reîtres teutons, vandales et barbares.

A cette solennité joyeuse, comme à toutes les précédentes, la Société avait convié toutes les autorités civiles et militaires qui se firent un honneur et un devoir de répondre à notre invitation, en même temps que Mˢʳ Ruch, un des héros des campagnes de l'Yser en 1915, nous promettait l'allocution de circonstance.

Ce *Te Deum* belge eut lieu, au Sacré-Cœur, le dimanche 29 décembre 1918. Dès avant 11 heures du matin, la vaste basilique de M. le curé Blaise était archi-comble. Des places avaient été réservées aux autorités, aux officiers, aux soldats belges, aux délégations patriotiques venues avec leurs drapeaux et emblèmes.

Aux premiers rangs de la brillante assistance, aux côtés de M. Sepulchre, consul général de Belgique, du président et des membres du Bureau, on remarquait MM. Braun, secrétaire général de la préfecture, Schertzer ; conseiller général et premier adjoint au maire de Nancy ; plusieurs officiers supérieurs, des membres du Conseil municipal, MM. Charles Adam, recteur de l'Université de Nancy ; Marc, président du Souvenir français de Nancy ; Émile Badel, délégué général de l'œuvre pour Meurthe-et-Moselle ; Sordoillet, directeur de l'*Éclair de l'Est* ; A. Dubost, directeur de la Chorale *Alsace-Lorraine ;* Pignot, président de la Fédération des Commerçants ; le R. P. Barret, le grand orateur, si ami de notre œuvre, etc.

A la tribune du grand orgue, M. Théophile Dronchat chanta d'une voix superbe et qui fit beaucoup d'impression la splendide cantate : *Tu renaîtras, Belgique.* Puis M. Jamar sut faire vibrer délicieusement son archet pour en tirer des sons mélodieux qui remplissaient l'immense vaisseau.

L'office était présidé par M⁸ʳ l'évêque de Nancy, en chape, mitre et crosse, assisté de MM. les chanoines Blaise et Pillard.

La messe fut célébrée par M. l'abbé Piant, ancien curé de Pont-Saint-Vincent. Après l'Évangile, M⁸ʳ Ruch monta en chaire et commenta, en termes harmonieux et choisis, le verset du cantique de Zacharie : *Benedictus Dominus Deus Israël, quia visitavit nos et fecit redemptionem plebis suæ.*

M⁸ʳ Ruch qui est un savant, un lettré et un théologien de premier ordre, n'a pas l'éloquence entraînante et passionnée de son illustre prédécesseur M⁸ʳ Turinaz ; mais il fut bien touchant de l'entendre rappeler les souffrances de la Belgique, dont il avait été le témoin oculaire, et exalter magnifiquement nos soldats, notre roi, notre grand cardinal et notre œuvre nancéienne.

L'allocution de M⁸ʳ Ruch fut une hymne de gratitude envers Dieu et un cri d'espérance pour la prochaine renaissance de la Belgique.

Au début de la cérémonie, le drapeau belge de notre Société s'était avancé jusqu'au milieu du chœur, largement cravaté de crêpe.

Après l'Élévation, devant la foule toute frémissante (mais qui n'osait applaudir), M. le président Docquier, assisté du R. P. Barret, détacha publiquement les emblèmes de deuil et nos trois couleurs belges apparurent sans voile, tournées vers l'autel, semblant prendre Dieu à témoin, à la fois de leur immolation et de leur invincible renaissance.

Puis ce fut le *Te Deum* solennel, entonné par le Primat de Lorraine, répercuté par les voix de la foule et les accents majestueux de l'orgue.

L'église mutilée du Sacré-Cœur, aux splendides vitraux en loques, semblait, elle aussi, se mettre de la fête et songer à une ère nouvelle de réhabilitation et de splendeur.

BIBLIOGRAPHIE

On consultera avec fruit les ouvrages suivants sur Nancy, Lunéville et les environs, durant la guerre de 1914 à 1918.

1. Collection du *Journal de la Meurthe et des Vosges* (E. BADEL et Léonce FLORENTIN, 1914 à 1919).

2. *Est Républicain, Éclair de l'Est* (mêmes dates).

3. *Étoile de l'Est* (surtout avec les vigoureux articles de notre regretté confrère Léon BERNARD).

4. *Semaine Religieuse de Nancy* (surtout pour le Livre d'Or du Clergé).

5. *Pages de Guerre* (août 1914 à décembre 1918), par Jean LABATUT, FRINOT, COURTIN-SCHMIDT, Émile BADEL (d'août à décembre 1914), et par Pierre DUROC (E. BADEL), de janvier 1915 à fin décembre 1918. 8 gros volumes in-8 à l'Imprimerie Lorraine, 51, rue Saint-Georges. En vente en fascicules ou reliés. 70 fr.

6. Les journaux de Lunéville et de Toul.

7. *Dans Nancy inviolée* (1914-1915), par Émile BADEL. 1 gros volume in-8 (non encore publié).

8. *De Nancy aux Vosges*. Reportages de guerre, par COURTIN-SCHMIDT. 1918. Imprimerie Lorraine. 4 fr.

9. *Nancy Sauvée*, par René MERCIER. 1917. Berger-Levrault. 4 fr.

10. *Nancy Bombardée*, par René MERCIER. 1918. Berger-Levrault. 4 fr.

11. *L'École d'apprentissage du bâtiment*, par Edmond CAYOTTE. 1918. Imprimerie Lorraine, 3 fr.

12. *Les Monts Sacrés de la Lorraine*, par E. BADEL. 1917. Imprimerie Lorraine. 3 fr.

13. *Terre de Lorraine*, par E. BADEL. 1918. Imprimerie Lorraine. 8 fr.

14. *Le Tour de Nancy par un Poilu* (par E. BADEL). 1918. Imprimerie Lorraine. 1'50.

15. *Le Livre d'Or des Instituteurs de Meurthe-et-Moselle*, publié par l'Inspection académique de Nancy. Berger-Levrault.

16. *Le Livre d'Or du Clergé de Nancy*, suivi du *Martyrologe* des Églises du diocèse. (*En préparation.*)

17. *Guide complet à la Cathédrale-Primatiale de Nancy*, par Émile BADEL. (*Sous presse.*)

18. *Les Bombardements de Nancy*. 1914-1918. Les Victimes. Les Dégâts. Églises et Monuments meurtris. Avec plans et points de chute, par Émile BADEL. Crépin-Leblond. (*Sous presse.*)

19. *La Société de secours aux blessés à Nancy* (1914-1915), par la Marquise D'EYRAGUES.

20. *Deux Œuvres de guerre à Nancy en 1916 : Foyer du soldat et Cantine de guerre*, par Charles GUYOT.

21. *La Croix-Rouge dans les campagnes*, par Émile AMBROISE.

22. *Quelques effets du bombardement de Nancy en 1916. De la clypophobie*, par le Dr Pierre PARISOT.
    (Ces quatre études ont paru dans les *Mémoires de l'Académie de Stanislas*, 1916 à 1918.)

23. *Les Terres Meurtries*, par A. DE POUVOURVILLE. Berger-Levrault.

24. *La Victoire de Lorraine*, par Adrien BERTRAND. 1917. Berger-Levrault.

25. *Les Couarails de Pont-à-Mousson*, par Gabriel GOBRON. 1918. Berger-Levrault.

26. *Pont-à-Mousson sous les obus*, par Charles BERNARDIN. 2 gros volumes in-8 illustrés. Imprimerie Lorraine. (*Sous presse.*)

27. *Lunéville* (Les Cités martyres de Lorraine), par Émile BADEL. 1915. Imprimerie Lorraine. 1 fr.

28. *Lunéville* (Collection des cités meurtries), par Émile HINZELIN. Paris, 1915.

29. *Gerbéviller-la-Martyre*, par MM. Léon MIRMAN, Émile BADEL, Jean LABATUT, Charles COURTIN-SCHMIDT. 1914. Imprimerie Lorraine. (*Épuisé.*)

30. *Gerbéviller* (Collection des cités meurtries), par Joseph PÉGAT. Paris, 1915.

31. *Gerbéviller-la-Martyre*, par Émile BADEL. Histoire. Drame. Restauration. 1919. Imprimerie Lorraine. (*Sous presse.*)

32. *Le Vœu de Saint Louis à Saint-Nicolas*, par Émile BADEL. 1918. Imprimerie Lorraine. 2 fr.

33. *Une Ville martyre de Lorraine : Saint-Nicolas de Port.* Le Pillage, l'Incendie et la Ruine en 1635, par Émile BADEL. (*En préparation.*)

34. *Les Allemands à Nomeny*, par André VIRIOT. 1916. Imprimerie Lorraine. 2 fr.

35. *Réméréville.* Un village lorrain en 1914, par Charles BERLET. Paris, Bloud et Gay. 1916.

.˙.

R. P. BARRET : Allocution prononcée pour les Morts de la Belgique dans la basilique du Sacré-Cœur. Nancy, 1914. 4 pages in-4.

A la gloire de la Belgique et de son Roi. Nancy, 1914. Br. in-8 de 32 pages. (Au profit des Œuvres belges de Nancy.)

R. P. BARRET : *La Belgique martyre* (Discours à la Primatiale de Lyon, le 19 décembre 1916). Nancy, Berger-Levrault. 1917. Br. in-12 de 34 pages.

Les Atrocités allemandes en Belgique (Livre rouge belge). 1915.

NANCY, IMPRIMERIE BERGER-LEVRAULT — MARS 1919